KB113016

1장

Destiny is no matter of chance.
It is a matter of choice.

운명은 우연이 아닌 선택이다.

— 전 미 국무부장관 윌리엄 제닝스 브라이언

....

진짜 사나이는
꿈이
아니다

....

2014년 어느 날이었다. 숙소 책상에 앉아 노트북을 켰
다. TA[1]가 보낸 수업 관련 메일에 답장을 보내고 한국

---

1 Teaching Assistant. 교수를 도와 수업 준비와 진행, 평가 등을 보조하는
교육 조교.

에서 온 메일들을 확인했다. 그러곤 습관처럼 인터넷 포털사이트에 접속해 이런저런 한국 소식들을 검색 중이었다. 그러다 우연히 지난주 방영된 방송 동영상을 클릭하게 되었다. 프로그램 이름은 「진짜 사나이」.

어린 나이에 가족과 떨어져서 유학을 떠났던 터라 한국 방송을 자주 접할 기회가 적었다. 그래도 인터넷 등을 통해 한국에서 인기가 있거나 유행이라고 하는 방송 프로그램은 종종 접하고 있었다. 언젠가는 가야 할 군대이니만큼 연예인들의 군 입대 체험을 다룬 「진짜 사나이」는 특별히 눈에 들어왔다. 그 이후 나는 이 프로그램의 영상이 올라오면 빼놓지 않고 시청하게 되었다.

프로그램 영상 아래에는 비난성 댓글들이 꽤 많았다. "방송 내용이 너무 군 생활을 미화했다" "대한민국에 저렇게 편하고 느슨한 군대가 어디 있나?" "촬영 한 번 하려고 현역병들은 죽어났을 거다." 아마도 이미 군대를 다녀왔거나 한국에서 생활하며 군대 간 친구나 선배에게 들은 이야기가 많은 내 또래들이 써놓은 것 같았다. 하지만 나처럼 군대를 다녀오지 않은 유학생에게는 한국의 군대에 대해 조금이나마 엿볼 수 있는 좋은 기회였다.

그러다 문득 이런 생각이 들었다. 지금까지는 프로그램 속 이야기가 그저 드라마처럼 내 인생에서는 일어나지 않을 이야기로 느껴졌다면, 이제는 내가 저 이야기 속으로 뛰어들 차례라고. 그래서 나만의 드라마를 써보자는 생각이 스쳤다.

'이제, 그때가 된 건가?'

숙소 창밖을 바라보았다. 건물 위로 성조기가 펄럭이고 있었다. 몇 년간 나는 그 깃발 아래를 오가며 지내왔다. 그 깃발이 펄럭이는 건물에서 그 깃발 아래 태어난 교수님에게 배우며 지내왔다. 그리고 그 깃발 견장을 찬 경찰관의 보호를 받았다. 이제 그 깃발이 성조기가 아닌 태극기로 바뀌어야 하는 때가 다가오고 있었다.

문득 처음 미국으로 왔던 때가 생각났다.

극복하는 힘은
내 안에
있다

우리 가족은 모두 다섯 명이다. 부모님과 내 위로 누나
가 둘 있다. 나는 말 그대로 딸만 둘 있는 집에 귀한 아
들로 태어났다. 어려서부터 부모님과 할아버지, 할머니
그리고 제법 터울이 있는 누나들의 사랑과 보살핌을
듬뿍 받고 자랐다. 아버지는 젊은 시절부터 몇 가지 사

업을 하셨는데 감사하게도 사업은 별 탈 없이 순조로 웠다.

전형적인 자수성가형 사업가이신 아버지는 주어 진 환경에서 최선을 다할 때 목적한 바를 성취할 수 있 다고 이야기하곤 하셨다. 그런 아버지의 영향 때문인지 그저 유복한 집에서 태어나 누나들 틈바구니에서 사랑 만 받고 자란 버릇없는 막내와는 조금은 다르게 성장 할 수 있었다.

어릴 때부터 나는 고집이 셌다. 하고 싶은 일은, 하기로 한번 마음먹은 일은 어떠한 어려움이 있더라고 꼭 해내야 직성이 풀렸다. 비록 여러 가지 여건이 맞지 않아 해내지 못할지언정 시도라도 해봐야 그날 밤 편 안하게 잠자리에 들 수 있는, 말하자면 좀 독한 구석이 있었다.

그랬던 내 어린 시절 목표는 '미국으로 가는 것' 이었다. 특별히 미국에 아는 사람이 있다거나 거기서 꼭 하고 싶은 일이 있어서는 아니었다. 나에게 맞는 교 육 방법을 찾고 나를 강하게 이끌어줄 무언가를 찾고 있었다. 그러기 위해선 한국의 입시 공부에 매달리는 시간은 아무런 도움이 되지 않는, 그저 시간 낭비처럼 느껴졌다. 중학교를 마칠 무렵에는 더 이상 참을 수 없었다.

"아빠, 드릴 말씀이 있는데요."

평상시와는 달리 진지한 모습으로 '얘기 좀 하자'라고 말을 꺼내는 막내아들에게 아버지는 놀라셨을 수도 있지만 겉으로는 내색하지 않으셨다. 아마도 어떤 이야기가 나올지 대충 예상하신 듯했다.

"그래, 우리 서우, 무슨 일로 아빠한테 면담을 다 하자고 할까?"

아버지의 말씀이 끝나기가 무섭게 나는 무슨 대단한 선언을 하듯 외쳤다.

"저, 미국 갈래요. 미국 가서 공부하고 싶어요. 미국으로 보내주세요."

내 말을 끝으로 잠시 침묵이 이어졌다. 아버지는 생각이 깊으신 분이다. "왜 미국을 가려고 하지?" "지금 네가 미국에 가서 뭐 하려고?" "미국 간다고 여기서 안 되는 공부가 잘 될 리 있냐?" 등 내가 만일 아버지였다면 수십, 수백 가지 질문을 퍼부었을 거다. 하지만 아버지는 아무 말도 하지 않으셨다. 대신 뭔가 골똘히 생각을 하시는 듯했다.

나는 이때다 싶어 내가 왜 미국에 가려고 하는지, 미국에 가서 무엇을 하고 싶은지 등을 속사포처럼 쏟아내었다. 사실 그 무렵 내 학교 성적은 거의 바닥 수준이었다. 그렇다고 수업을 제대로 안 듣는 문제아도, 머리가 나빠 이해력이 떨어지는 것도 아니었다. 학교에서 배우는 공부는 내 안의 열정과 이어지지를 않았다. 새로운 진리를 습득한다는 만족감도 주지 못했고, 미지의 영역으로 나아간다는 설렘도 없었다. 한마디로 동기부여가 없었다. 머릿속에는 끊임없이 '지금 이런 걸 왜 배우고 있는 거지?'라는 생각만 가득했다.

결국 이날 아버지와의 단독 면담 끝에 나는 미국의 학교에 진학하기로 결정했다. 늘 그렇듯이 아버지는 결정적인 순간에 내 의견을 존중해주셨다.

가치 없는
노력은
없다

사실 대한민국을 떠나 타지에서 생활하는 이민자, 유학생 등은 내 나이쯤 되면 생각이 많아진다. 내 몸속에 흐르는 피와 가슴속에 담긴 혼은 한민족, 대한민국의 것이다. 하지만 눈을 떠서 침대 밖으로 나가는 순간 만나는 사람, 그들과 나누는 이야기, 생활 방식은 머물고 있는 그 나라의 것이다. 잠시나마 혼란이나 고민이 엄연히 존재했다.

학업의 목적상 체류를 연장하거나, 결혼 등의 이유로 신분이 변경된다면 현재 머물고 있는 사회의 일원으로서 그곳에 기여할 방법을 찾아야 했다. 그게 아니고, 대한민국 국민의 일원으로서 보다 많은 활동을 하고 싶다면 그에 걸맞은 응분의 책임을 져야 한다고 생각했다.

미국으로 떠날 때 아버지와 한 가지 약속한 것이 있다. 비록 더 넓은 세상에 나가 내가 원하는 환경에서 공부를 하기 위해 잠시 대한민국을 떠나왔지만, 공부를 마치는 대로 돌아와서 아버지의 사업을 돕기로 한 것이다. 아버지를 도와 우리 사회에 도움이 되는 기업으로 키워나가고 싶었다.

그러자면 내가 한국에서 맡아야 할 책임들을 먼저 지는 게 맞다. 하루가 다르게 변하는 한국과 떨어져 지내온 시간들, 그리고 2년간은 학업을 중단해야 된다는 사실이 걱정되지 않는다면 거짓말일 것이다. 하지만 나에겐 그런 모든 장애물들을 다 뛰어넘어서라도 완수

해야 할 사명이 있었다.

'내가 사랑하는 사람들을 내 손으로 지킨다.' '내가 이 나라의 일원으로 해야 할 몫을 담당한다.' '나와 더불어 살아갈 대한민국의 젊은이들과 함께 부대끼며 인연을 맺는다.' 그 어느 것 하나 내게는 포기할 수 없는 중요한 것들이었다.

자, 이제 선택은 간단했다. 입영 신청을 하고, 입영 날짜(영장)가 나오면, 그 날짜에 맞춰 오라는 곳으로 가서, 받으라는 훈련을 받은 뒤, 복무하라고 하는 곳에서 1년하고도 몇 개월을 하라고 하는 일을 하다가, 나가라고 하는 날에 전역하면 되는 일이었다.

그러나… 그러기 싫었다. 군 입대야 국민의 의무기에 해야 할 일이지만 그럼에도 그 안에서 내가 선택할 수 있는 부분이 분명 있을 거라 생각했다. 그리고 가능하다면 내가 직접 선택하고 싶었다.

이런 생각을 만나는 사람들에게 이야기하니, 친척 형님들부터 시작해서 아는 선배, 나보다 군대를 먼저 다녀온 친구들까지 모두 고개를 가로저었다. 그러고는 "네가 아직 군대를 잘 몰라서 그러나 본데…"라는 말로 시작되는 일장 연설을 늘어놓기 시작했다.

길지 않은 삶이었지만 난 늘 그렇게 살아왔다. 노력과 열정으로 다가가면 분명히 가능하게 만들 수 있다고. 설혹 그것이 진짜로 불가능한 일로 판명이 난다 해도 선택하기 위해 노력한 과정만큼은 나에게 변치 않을 큰 자산으로 남게 되리라는 믿음이 있었다.

"서우야! 영장 나왔다"라는 말과 함께 통지서를 받으며 군 생활을 쫓아가고 싶진 않았다.

"나, 양서우! 군대 갑니다!"라는 말과 함께 군 생활을 내가 시작하고 싶었다.

Let us never negotiate out of fear.
But let us never fear to negotiate.

공포로 인해 타협하지 마라.
그러나 타협하는 것은 두려워하지 마라.

— 제35대 미국 대통령 존 F. 케네디

두려움도
때로는
무기가 된다

나는 가끔 몸이 피곤하거나 컨디션이 안 좋을 때면 일찍 잠자리에 드는데 그때마다 꾸는 꿈이 있다. 중학교를 갓 졸업한 어린 나이에, 아는 사람 하나 없는 미국 땅에 발을 디디던 때로 돌아가는… 그러고는 소스라치게 놀라 잠에서 깨어나고는 한다. 등 아래 침대 시트는 이미 식은땀으로 푹 젖은 상태다. 그만큼 난생처음 모르는 곳에 간다는 것은 공포스러운 경험이었다.

군대 역시 다를 바가 없었다. 입대를 계획한 이후 미국에서든 한국에 들어와서든 조금 피곤한 날이면 여지없이 꾸는 꿈이 생겼다. 그것은 군 훈련소 앞에 서 있는 내 모습을 내가 멀리서 바라보는 꿈이었다.

비록 이왕 가야 하는 거라면 이제까지 삶의 중요한 순간에서 늘 그래왔듯이 조금 더 적극적으로, 흔쾌히 가자고 다짐했다. 그런데 길을 가다 문득 군복을 입은, 나보다 먼저 입대한 내 또래 청년들을 만날 때면 알 수 없는 두려움에 살짝 몸이 떨리고는 했다. 역시나 난생처음인 모르는 곳에 간다는 것은 분명 공포스러운 경험이었다.

가까운 이들에게 그런 느낌을 말하면 하나같이 똑같은 답이 되돌아왔다.

"응, 그긴 원래 그래. 입대하면 저절로 없어져. 그러려니 해."

하지만 그건 싫었다. 내 인생의 중요한 2년을 보내야 할 곳에 나조차도 이유를 알 수 없는, 그저 한 번도 가보지 못한 낯선 곳에 가야 하기에 갖게 되는 감정을 그러려니 해야 한다는 건 생각만 해도 아찔했다. 조금은 건방진 얘기로 들릴 수도 있지만, 군대에 대한 나의 공포심을 컨트롤하고 싶었다.

고대 로마의 관리이자 군인이었으며, 위대한 학자로서 수많은 업적을 남겼던 플리니우스Gaius Plinius Secundus Major는 다음과 같은 이야기를 했다.

Grief has limits, whereas apprehension has non. For we grieve only for what we know has happened, but we fear all the possibly may happen.

인간의 슬픔이 아무리 비통한 것이라 하더라도 거기에는 한계가 있기 마련이지만, 불안(공포)이라는 것은 한계가 없다. 왜냐하면 우리들이 크게 슬퍼하는 것은 실세로 일어난 것을 알고서 갖게 되는 것(감정)임에 반해, 불안은 어쩌면 일어날지도 모르는 일(아직 일어나지 않은 일)에 겁을 먹은 깃이기 때문이다.

즉, 불안과 공포는 아직 일어나지 않은 일에 대한 것이기 때문에 전혀 쓸모없고 아무것도 아닌, 무의미한 일처럼 보인다. 반면에 눈에 보이지도 손에 잡히지도 않는 허상과 같은 것이기에 오히려 더 통제하기 어려운 감정이다.

하지만 한 단계 더 깊이 들어가 생각해보면 공포라는 것이 무조건 나쁘기만 한 감정은 아니다. 알 수 없는 괴질로 많은 사람들이 사망하자 죽음에 대한 공포심이 의학의 발전을 이끌었고, 전쟁과 핵무기에 대한 공포심이 각종 국제기구 결성과 국가 간 협약을 이끌어내는 원동력이 되었으며, 예측할 수 없는 미래에 대한 공포가 각종 사회보장제도 및 창의적인 복지 정책을 수립하는 데 큰 힘이 되고 있다. 조금 과장해서 이야기하자면 인간의 모든 진보의 단계마다에는 기존의 평온한 삶에 안주할 수 없도록 한 '공포'라는 동기 부여책이 있었던 것이다.

그렇다면 군대에 대한 공포 역시 마찬가지 역할을 하지 않을까?

이 무렵 개봉해 1,700만 명이라는 엄청난 관객들

을 극장으로 끌어모았던 영화 「명량」에는 이런 장면이 나온다. 엄청난 숫자의 적 앞에서 두려움에 떨고 있는 병사들에게 이순신 장군은 외쳤다.

두려움을 용기로 바꿀 수만 있다면 그 용기는 백 배, 천 배로 커진다!

군 입대, 아니 우리 삶의 모든 부분에서도 마찬가지 아닐까? 새로운 도전 앞에 언제나 느끼게 되는 두려움과 공포에 굴복하는 대신 그것을 용기로 바꿔, 사전에 철저하게 미리 대비하는 원동력으로 삼는다면, 이는 나를 더욱더 성장시키는 힘이 되어 나중에 내 인생의 더 큰 위협과 어려움에 대처할 수 있는 단단한 무기가 되어줄 테니 말이다.

이순신 장군의 말처럼, 나 양서우는 군대에 대한 공포를 최고의 무기로 바꾸기로 마음먹었다.

05

작은 반복이
두려움을
이긴다

내가 태어나기도 전에 개봉한 영화지만 명절 연휴 TV
를 통해 「보디가드Body Guard」라는 영화를 본 적 있다.
지금이야 원로 배우 축에 속하지만, 20여 년 전까지만
하더라도 최고의 핫한 스타였던 케빈 코스트너가 전직
대통령 경호원 출신 사설 보디가드로 일하는 남자 주

인공 프랭크 역할을 맡았고, 이미 고인이 된 휘트니 휴스턴이 최고의 인기를 구가하는 여가수 레이첼 역할을 맡았다. 대부분의 할리우드 영화에서 볼 수 있는 '처음에는 서로 티격태격하던 남녀 주인공이 여러 가지 사건을 겪으면서 서로에 대한 호감을 키워나가다가 막판에 결정적인 위기를 맞아 남자 주인공이 멋지게 여자 주인공을 구해낸 뒤 사랑까지 쟁취하게 된다'는 뻔한 이야기가 그 뼈대를 이루고 있다. 간간이 등장하는 케빈 코스트너의 화려한 액션과 전성기 시절 최상의 음색을 자랑하던 휘트니 휴스턴의 멋진 노래가 영화의 살을 이루고 있었다.

그런데 영화의 어떤 장면이 내 눈길을 사로잡았다. 테러범들이 레이첼의 저택을 습격하자, 위기를 직감한 프랭크가 레이첼의 가족들을 데리고 한적한 호숫가 시골 마을에 있는 자신의 아버지 집으로 피신하는 장면이었다. 평상시 레이첼은 프랭크에게 남다른 감정을 가지고 있었다. 화려한 할리우드 쇼 비즈니스계를 떠나 모처럼 진솔한 인간미 넘치는 시골집으로 오게 된 레이첼은 바늘로 찔러도 피 한 방울 나올 것 같지 않게 자기 관리가 철저한 프랭크라는 남자의 어린 시절에 대해 그의 아버지에게 묻기 시작했다.

내게 이 장면이 인상 깊었던 것은 '프랭크가 두려움을 극복하는 방법'에 대한 아버지의 설명 때문이었다. 빗발치는 총알도 두려워하지 않는 프랭크였지만 어린 시절 그는 동네 놀이공원에 있는 자그마한 롤러코스터도 겁이 나서 타기를 주저하던 겁쟁이였다고 한다. 그랬던 그가 롤러코스터를 탈 수 있게 된 것은 물론, 혹독한 훈련 과정을 거쳐 미국 대통령 경호원으로까지 뽑히게 된 데는 '반복을 통해 두려움을 없애왔기 때문'이라고 했다. 즉, 어린 프랭크는 자신이 두려워하는 롤러코스터를 극복하기 위해 시간이 날 때마다 놀이공원으로 달려가 반복적으로 롤러코스터를 탑승했다고 한다. 언제까지? 자신이 그에 익숙해져서 더 이상 두려움의 대상으로 느껴지지 않게 되기까지. 이후 다른 것에서도 마찬가지였다고. 두려움이 느껴지면 그에 직접 부딪혀서 반복적으로 경험을 해서 그 두려운 일을 특별한 일이 아닌 일상의 익숙한 일로 만들어버렸다는 것이다.

어린 시절에, 그것도 거실을 왔다 갔다 하면서 보다 말다 한 영화지만, 그 장면만큼은 이후로도 오랫동안 내 기억 한구석에 자리잡고 있었고 내게 '두려움'이라는 단어가 접근할 무렵이면 다시금 슬그머니 그 장면이 떠올랐다.

'반복적인 학습을 통해 일상의 일로 만들기.'

다른 사람들은 두려움이나 공포의 대상, 혐오나 증오의 대상에 대해서는 가급적 회피하거나 모른 척하는 것이 일반적이었는데, 나는 달랐다. 영화「보디가드」의 프랭크처럼, 나를 두렵게 하는 일이 있다면, 나에게 상처를 주는 일이 있다면 오히려 더 적극적으로 그에 대해 접근해서 살펴보고 알아보고 미리 체험해보고 반복적으로 경험해서 그를 익숙한 일, 아무것도 아닌 일로 만들어버리는 데 일가견이 있었다. 남들은 두려움이나 짜증, 회피하고픈 대상이라고 하는 군대에 대해서도 나는 그렇게 접근하기로 마음먹었다.

Time is the most valuable thing
a man can spend.

시간은 인간이 소비하는 것 중
가장 가치 있는 것이다.

— 그리스 철학자 테오프라스토스

06

기간의 길고 짧음은
본질이
아니다

군 입대를 준비하며, 나보다 먼저 군대를 경험한 어르신들이나 여러 선배, 동기들과 대화를 나누다보니 한 가지 신기한 것이 있었다. 그들이 얘기하는 '군대에 머무는 기간'이 제각각 다르다는 점이었다.

어떤 어른은, "서우야, 3년 그거 긴 것 같아도 지

나보면 금세다. 열심히 생활하고 오너라"라고 하셨고, 또 어떤 선배는 "야, 입대하고 2년 조금 더 버티면 전역이잖아. 괜히 미루지 말고 얼른 다녀와라"라고 했다.

이왕 얘기가 나온 김에 우리나라 군 복무 기간이 어떻게 변해왔는지 살펴보기로 했다.

자료를 살펴보니 1948년 국군이 창설될 당시에 법적 복무 기간은 의외로 짧아서 해군이 3년, 육군은 고작 2년에 지나지 않았다고 한다.

그러나 반전은, 실제 이때 군대에 입대하신 분들은 대부분 짧으면 4~5년, 길면 7~10년 가까이 군 복무를 해야 했다고 한다. 1950년에 한국전쟁이 발발하면서 대부분의 군인들이 전역일 없이 그야말로 목숨을 바쳐 '승전을 하거나 전사하는 날이 전역일'이라는 생각으로 군 복무에 임했기 때문이다.

그랬던 것이 현재처럼 병역법에 따라 복무 기간과 전역일이 정해지고 지켜지게 된 것은 1953년 한국전쟁 직후 휴전협정이 체결되었을 때부터였다. 그때 정해진 육해공군 36개월이 지금까지도 노래 가사에 나오듯 군 복무 기간을 나타낼 때 '3년이라는 시간 동안'의 시초가 되었다. 이후 1959년에 한 번, 1962년에 또 한 번 육군만 복무 기간이 3개월씩 단축되어, 해군과 공군은 기존과 동일하게 36개월간 복무해야 했고, 육군의 복무 기간은 30개월로 단축이 되었다.

이후 국력이 신장되고 남북 간의 안정된 상황이 어느 정도 유지가 되면서 지속적으로 단축될 것 같았던 복무 기간은 1968년 극적인 사건을 계기로 전혀 다른 방향으로 흘러가버렸다.

이른바 '1.21사태'라고 불리는 북한 특수부대의 청와대 습격 사건이 그해 벌어졌기 때문이다. 고도의 훈련을 받은 31명의 북한군 특수부대원이 휴전선을 넘어 서울로 침투하여 청와대 바로 코앞에서 우리 군경과 교전을 벌이는 초유의 사태가 일어난 것이다. 이 사건을 계기로 정부는 북한의 비정규전에 대비하기 위한 향토예비군까지 창설하며 복무 기간마저 늘어나게 된다. 전투 임무에 익숙한 숙련병을 확보한다는 명목하에 육군은 다시 원래대로 36개월로 돌아갔고, 공군과 해군은 기존보다 3개월이 늘어난 39개월로 복무 기간이 변경되었다.

그렇게 10여 년간 계속된 육군 36개월의 군 복무 기간은 1977년이 되어서야 다시 33개월로 줄어들었지만, 해군과 공군은 그대로 39개월로 유지되었고, 2년이 지난 1979년이 되어 4개월이 줄어든 35개월이 되었다.

1980년대 들어 우리나라의 국력이 신장되고, 군 장비가 고도화, 현대화되었다. 한미 연합 전력까지 고려했을 때 북한의 군사력보다 우위를 점하게 되면서 현역병의 복무 기간은 지속적으로 단축되는 추세를 이어왔다.

1981년도에는 육군이 30개월로 줄어들었고, 1993년도에는 국민 병역 의무 부담을 완화한다는 명목으로 병역법의 대대적인 개정을 통해 육군 26개월, 해공군 30개월로 축소가 되었다.

이듬해인 1994년도에 해군 병력의 부족을 이유로 지원율을 높이기 위해 해군만 28개월로 재차 단축이 된 채 10여 년간 유지되다가 2003년 다시 병역법이 개정되며 육군 24개월, 해군 26개월, 공군 28개월로 각각 2개월씩 단축되었다.

그러다 2004년 공군 27개월, 2011년 육군 21개월, 해군 23개월, 공군 24개월로 단축이 된 채 2016년 현재까지 이어지고 있다.

기나긴 역사를 살펴보면 2년이라는 시간은 금세 지나갈 것 같다. 그러나 복무 기간의 길고 짧음은 성공적인 군 생활의 본질이 아니다. 이 기간 동안 내 자신을 어떻게 변화시킬 수 있을까가 더욱 중요한 문제다.

07

군대 생활에서
예외적인
사람 되기

그런데 군 복무 선배들과 만남을 지속하면서 한 가지 신기한 것이 있었다. 무려 3년 이상 군대에 있었던 한 어르신은 '힘들고 고되긴 했지만, 3년이라는 시간이 어떻게 지나갔는지 모르겠다'는 말씀을 하셨고, 2014년에 입대해서 21개월간 복무하고 전역한 한 친척 형은

'군대에서 21개월이 사지[2]에서 보낸 21년보다도 더 길었다'고 얘기하는 것이다.

왜 이런 현상이 일어난 것일까?

의문은 금세 풀렸다. 지인의 소개로 만난 한 선배 형님의 설명 덕분이었다. 그 형님의 설명에 따르면, 시간이라는 것이 절대적인 것 같지만 우리가 시간을 받아들이는 것은 상대적이라고 했다.

과거 아인슈타인에게 한 기자가 상대성이론을 알기 쉽게 한마디로 설명해달라고 청하자 그가 이렇게 말했다고 한다.

미인과 함께 있으면 1시간이 1분처럼 느껴지지만, 뜨거운 난로 위에서는 1분이 1시간보다 길게 느껴집니다. 그것이 바로 상대성이론입니다.

물론 아인슈타인의 위트와 재치를 부각시키기 위한 일화이기는 하지만, 선배 형님은 이러한 시간 인식

---

2 私地. 민간인 사회를 지칭하는 군대 용어.

이 군대 내에서의 시간 감각을 이해하는 데도 마찬가지로 유용하다고 했다.

과거 우리 사회가 먹고살기 힘들었을 무렵, 3년이라는 시간 동안 사회는 그다지 크게 변화하지 않았다고 한다. 즉, 군대에 들어가 있다가 3년 뒤에 나와도 입대 전의 세상과 크게 다르지 않았다. 게다가 워낙 다들 먹고살기 힘들었던 시기이니만큼 군대에서는 그나마 끼니는 굶지 않고 챙길 수 있었기에 3년간의 군 생활이 그럭저럭 버틸 만했고, 전역할 무렵이면 오히려 익숙해져서 정이 드는 경지에 다다랐다고.

그런데 지금은 사정이 많이 달라졌다. 2년은커녕 한 달만 지나도 세상은 이전과는 차원이 다를 정도로 변화하고 있다. 내게 이와 같은 이야기를 전해준 선배 형님 역시 그와 같은 경험을 했다고 했다.

"내가 입대하기 전에는 인터넷이라는 것이 제대로 없었어요. 하이텔, 천리안 같은 전화 모뎀을 활용한 PC통신이 대세였지요. 그런데 말년 휴가를 나와서 보니 내가 몸담았던 하이텔 동호회는 공중분해 되어버렸고, 그 자리를 '다음 카페'나 '프리챌 커뮤니티'가 차지하고 있더군요."

'인터넷이 없던 시기에 입대해서, 인터넷이 대세인 시대에 제대한다….'

쉽게 상상이 되지 않았다.

그 설명을 듣고 보니, 왜 오히려 군 복무를 더 길게 한 과거의 어르신들이 군 복무를 2년도 안 한 요즘 전역자에 비해 그 시간을 더 짧고 가볍게 느끼는지 이해가 갔다. 그런데 한 가지 더 궁금한 것이 있었다. 이른바 '예외인 사람들'이었다. 그런 내 생각을 읽었는지 선배 형님은 이야기를 덧붙였다.

"그런데 과거와 현재 상관없이 군 복무를 남들보다 짧게 한 것처럼 느끼는 사람들이 있어요."

내가 묻고 싶은 것이었다. 나보다 불과 몇 년 전에 군대를 다녀온 젊은 선배, 동기 가운데서도 과거에 군대를 다녀오신 어르신처럼 혹은 그 이상으로 '군 복무 기간이 금세 지나갔다'라고 느끼는 사람들은 왜 그런 걸까. 선배 형님의 설명이 이어졌다.

"보통 군대 바깥의 세상이 군대 안의 세상보다 더 빨리 변화할 때 우리는 군대 안에서의 시간이 지루하고 정체된 것처럼 느끼게 되죠. 그런데 반대로….”

'반대라면?'

거기까지 이야기를 듣자 그 다음 선배 형님에게서 무슨 얘기가 나올지 예측이 되었다. 그렇다. 군대 내에서 정체되어 있지 않고 계획을 세워 나 스스로를 변화시켜, 사회에 있을 때만큼이나 의미 있는 진보를 거듭한다면, 군 복무를 하는 2년 남짓한 기간이 사회에 있을 때보다 더 길거나 지루하게 느껴지지 않을 것이다. 아니 어쩌면 더 적극적으로 준비해서 치열하게 살아낸다면, 군대에서의 시간이 사회에서의 시간보다 더 빨리, 신나게 지나갈지도 모른다는 생각이 들었다.

그렇다면 내가 선택할 답안지는 어느새 단 하나로 좁혀지고 있었다.

'군대에서 보낼 2년이 아깝다면, 그게 아깝다고 여겨지지 않도록 조금은 예외적인 사람이 되자!'

There are no foreign lands.
It is the traveler only who is foreign.

낯선 땅이란 없다.
단지 여행자가 낯설 뿐.

— 『보물섬』을 지은 영국 작가 로버트 루이스 스티븐슨

08

질문이
능력을
낳는다

하버드 경영대학원Harvard University Business School, HBS은
매년 세계 최고의 경영대학원 중 하나로 꼽히는 곳이
다. 전 세계에서 몰려든 수많은 천재적인 학생들이 치
열하게 토론하거나 연구하고 있으며 매년 배출된 졸업
생들은 세계적인 투자은행가, 각국 정부의 고위 경제

관료, 세계적인 기업의 중역이 되거나 직접 기업을 창업해 오너 또는 최고경영자로 활약하고 있다.

하버드 경영대학원은 1908년 세계 최초로 2년제 전문 경영대학원으로 출범한 이래, 'We educate leaders who make a difference in the world(세계를 변화시킬 리더를 배출한다)'라는 모토 아래 학생들 각자의 능력을 살린 최상의 교육을 제공하고자 노력하고 있다. 그를 위해 그들이 내세운 교육 방법은 이른바 '사례연구Case Study'이다.

사례연구 방법은 지금은 전 세계 대부분의 경영대학원에서 택하고 있는 흔하디 흔한 교육 방법이 되었지만, 1925년 하버드 경영대학원에서 최초로 도입할 무렵만 하더라도 진행하는 교수나 수업에 참여한 학생 모두에게 생소하기 이를 데가 없었다.

방법은 다음과 같았다. 교수는 통상 30페이지에 가까운 사례들을 나눠준 뒤 그것을 읽어 오라고 한다. 내용 자체는 그저 하나의 기업 역사인 경우도 있고, 어떠한 조직에서 일어난 사건 사고에 대한 기록인 경우도 있다. 어찌되었든 학습하기 편하게 사실 위주로 일

목요연하게 정리된 자료가 아닌 그저 어느 책이나 언론 기사 등에서 접할 수 있는 이야기인 경우가 대부분이었다.

그 사례들을 읽고서 수업에 참석하면 교수가 수업을 진행하는데, 수업 시간에 교수가 해답을 제시하거나 자신의 생각, 이론을 설명해주는 법은 없었다. 오히려 학생들과 동등한 입장에서 사례집을 함께 살펴보고, 수업을 진행하는 동안 이런저런 질문을 학생들에게 툭툭 던지는 것이 교수의 역할이었다.

자신이 물은 질문에 대해 학생들이 답을 하면 교수가 그를 다시 받아서 자신의 견해를 이야기하는 경우도 가끔 있었는데, 그 역시 확정적으로 결론을 맺는 것이 아니라, "자네는 이런저런 의견을 말해주었는데, 나는 또 이런 부분에 대해 살펴보았으면 하네. 여기에 대한 자네 생각은 어떤가?"라는 형식의 열린 질문이 대부분이었다. 때문에 교수와 학생, 학생과 학생 간의 질문과 대답은 끊임없이 이어졌고 그를 통해 수업이 이뤄지는 방식이 바로 사례연구 교육 방법의 핵심이었다.

이처럼 사례연구식 학습법은 어찌 보면 지극히

단순하고 비효율적이기 그지 없어 보인다. 하지만 결과적으로 이러한 학습법이 지금의 하버드 경영대학원을 만들었다고 보는 것이 대부분의 견해이다. 어떻게 그럴 수 있었을까?

바로 '질문의 힘' 때문이다.

질문에는 우리가 잘 인식하지 못하는 힘이 있다고 한다. 질문은 하는 사람과 받는 사람 모두에게 생각의 폭과 깊이를 넓고 깊게 만들어주는 놀라운 힘이 있다.

실제로 하버드 경영대학원 졸업생 대부분은 졸업 후 몇 년 내에 기업의 중역이나 최고경영자, 투자은행의 고위 심사역 혹은 정부의 고위 관료가 되어 매번 중요한 의사결정을 내려야 할 상황에 맞닥뜨린다. 그들은 그 과정에서 발생할 수 있는 온갖 종류의 문제점 및 위험 요인 등을 미리 예측하여 그에 대한 대비를 하는 것이 매우 중요한데, 그때 필요한 것이 바로 이 '질문의 힘'이다.

즉, 이미 발생한 사례들을 보고 자신에게 질문을 해보는 것이다. 만일 내가 그 기업의 경영자였다면, 그 문제를 해결해야 하는 의사결정의 책임자였다면 어떻게 할 것인지에 대해 생각할 수 있는 모든 질문들을 만들어서 서로에게 하고, 그에 대한 온갖 종류의 답변을 연습한다. 그러다 보면 앞으로 벌어질지 모르는 수많은 일들을 처리하고 문제를 해결할 수 있는 능력이 생겨난다는 것이 하버드 경영대학원을 이끌어온 사람들의 생각이다.

09

답을 찾아가는
여정으로
만들자

군 입대를 앞둔 나 역시 마찬가지였다. 이제까지 경험
해보지 못한 환경에서 새로운 사람들을 만나, 한 번도
해보지 않았던 일을 하게 될 나에게는 그러한 '질문하
는 힘' 그리고 그에 대해 진지한 대답을 해나가는 시간
이 필요했다.

1장 내 인생 최고의 시간과 최악의 시간 그 기로에 서다**55**

실제로 아는 선배 중 여행을 무척이나 좋아하는 분이 있었는데, 매번 여행을 다녀오고 나면 뭔가 제대로 즐기지 못하고 놓친 게 많은 것 같아 늘 아쉬움이 남았다고 한다. 그랬던 것이 여행을 떠나기 전 본인 스스로에게 질문을 하는 습관을 들이게 되면서 그러한 문제점이 싹 사라졌다고 했다. 그 선배가 자기 자신에게 했던 질문은 이러했다.

"왜 꼭 지금 이 나라를 가야 하는가?"

"이 나라에 가서 어떤 사람을 만나 이야기를 나눠 보고 싶은가?"

"만일 단 한 장의 사진, 단 하나의 기억만을 가져올 수 있다면 꼭 찍고 싶은, 꼭 기억하고 싶은 것은?"

어찌 보면 지극히 당연하고 단순해 보이는 이 세 질문을 자기 스스로에게 던지고, 그에 대한 대답을 찾아나가는 과정을 밟는 것만으로도 이후의 여행은 이전의 여행과는 그 만족도가 질적으로나 양적으로나 비교할 수 없을 만큼 달라졌다고 했다.

군대라는 멀고도 험하지만, 끝내고 나면 뿌듯한 결실로 남을 여행을 떠나기 전 나는 나에게 세 가지 질문을 하기로 했다. 그리고 군 생활 내내 그 질문에 대한 답을 찾아나가기로 했다. 세 가지 질문은 다음과 같았다.

첫째, 내 적성에 맞는 군대를 어떻게 찾을 것인가?

둘째, 내가 희망하는 군 생활을 위해 나는 어떤 것을 준비해야 하는가?

셋째, 군 생활에서 내 인생에 도움이 될 만한 것들을 발견할 수 있을 것인가?

세 가지 질문을 완성하자 아직 해답을 찾지 못했음에도 불구하고 뭔가 가슴 한편이 설렜다. 얼른 군대에 대해 알아보고, 준비해야 할 것들을 챙겨야겠다는 생각에 가슴속 어딘가에 있던 엔진이 뜨거워지는 듯한 느낌이 들었다. 아직 남아 있는 군 생활에 대한 두려움과 공포가 이제는 뜨거운 열풍이 되어 내 마음속 무기들을 더욱더 벼린 칼날이 되도록 달궈주고 있었다.

2

내가
군대를 선택하다

2장

War is the teacher of violence.

전쟁은 냉혹한 스승이다.

— 그리스의 장군이자 역사가 투키디데스

10

군인은 역사상
가장 오래된
직업이다

나는 어렸을 때부터 그랬다. 안 하면 안 하지, 이왕 시작하기로 했으면 그 근원부터 살펴 철두철미 이해해야 직성이 풀리는 성격이었다.

입대 준비 역시 마찬가지였다. 이왕 군대에서 내 인생의 가장 중요한 2년여의 시간을 보내기로 한 이상,

그리고 그 전에 군대에 대해서 알아보기로 한 이상 '어떻게 하면 편한 부대로 빠질 수 있을까?' '어떻게 하면 편한 보직을 받을 수 있을까?' '어떻게 하면 외박이나 휴가를 더 많이 나올 수 있을까?' 같은 것들을 알아보는 정도에 그치고 싶지 않았다. 군대에 대한 모든 것을 차근차근 살펴봐야겠다는 생각을 하자 가장 먼저 군대의 역사가 궁금해졌다.

책과 인터넷을 기본 교재로 삼고 여기서 얻기 힘든 다른 필요한 정보들은 주변 지인의 도움을 받기로 했다. 특히 직업군인으로 장기간 군 생활을 하신 분들 혹은 사관학교를 졸업하여 군에 대한 지식들을 체계적으로 습득하신 분들을 찾아가기로 했다.

막상 공부해보니 군대란 생각보다 훨씬 오래전부터 내 주변에 머물러온 익숙한 존재였다. 사람에 따라 답이 조금씩 다르기 하지만, 역사상 가장 오래된 직업을 꼽으라고 하면 종교 사제(무당이나 마술사 등을 포함한), 매춘부 그리고 군인을 꼽는다고 한다. 그만큼 군대의 역사는 우리 인류의 역사와 궤를 이루며 함께 탄생하고 성장하다 때론 몰락하기도 하고 다시 부활해서 현재와 같은 모습으로 유지되고 있다.

　사실 과거 원시사회 때는 군인과 민간인의 구분이 거의 없었다고 한다. 생업에 종사하다가 다른 마을이나 들짐승 등 위협적인 존재가 나타나면 곧바로 전투원으로 전환하여 싸움을 치르는 것이 일반적이었다. 그와 같은 전통은 중세시대까지 이어졌다. 고대 그리스의 경우 국민개병제가 실시되어 시민이 곧 전사요, 전사가 곧 시민인 형태가 유지되었다. 다만 아테네의 경우 돈 많은 시민들을 대신하여 돈을 받고 전투만 전문적으로 치르는 용병이 등장하면서 현대와 같은 '군대'의 개념이 생겨나기도 했지만, 그 규모는 미미했다.

　그때까지만 하더라도 국민(시민)은 곧 군인이요, 군인이 곧 국민이었다. 그렇기 때문에 여자, 어린이, 노예는 군인이 될 수 없었고, 전쟁에 참가할 수 없었기 때문에 국민이 아닌 셈이었고, 국민이 아니었기에 투표권을 주시 않았다.

　그러다가 본격적으로 현대와 같은 군대의 개념이 생겨난 것은 12세기 영국에서다. 당시 영국은 프랑스와 백년전쟁(1337~1453)을 치르고 있었는데, 장기간

전쟁을 치르면서 국가를 유지하는 일반 국민과 전투를 전문적으로 치르는 군인의 구별이 필요하게 되었다. 결국 일반 국민들의 세금으로 봉급을 지불하는 전문 전투원들이 전투를 전담하게 되면서 현재와 같은 군대가 탄생한 것이다.

한 가지 재미있는 사실은 이 '봉급'이라는 의미로 사용된 말 중 로마의 화폐 이름에서 따온 'Solidus'라는 단어가 있었는데, 바로 이 단어로부터 병사를 뜻하는 '솔저Soldier'라는 말이 탄생했다는 점이다.

1500년대 중반 이후 대항해시대가 시작되고, 식민지 정복 전쟁이 일상화되면서 유럽 각국의 왕들은 정규 상비군 설치에 앞다퉈 나섰다. 그때까지만 하더라도 군대는 왕을 지키는 왕실 군대일 뿐 국가의 군대가 아니었다.

그랬던 것이 1789년에 일어난 프랑스대혁명의 여파로 절대왕정이 붕괴하고 프랑스를 시작으로 왕이 아닌 정부의 관리 감독을 받는 일반 국민들이 참여하는 국민 군대 창설이 대유행하기 시작했다. 그때 현재의 모습을 갖춘 근대적 군대가 성립되었다.

현대에 들어서는 '국가 성립의 3요소'를 말할 때 '영토' '주민(국민)' '실효적 지배(주권)'에 덧붙여 '자국민을 지킬 수 있는 독립된 군대'를 언급할 정도이다. 그만큼 군은 국가 존립의 가장 중요한 역할을 해내고 있고 그 위상은 날로 강화되고 있다.

11

군대,
이만큼은
알고 가자

일반적인 군에 대해 알아봤으니, 이제는 내가 입대해야
할 대한민국의 군대에 대해서 알아보기로 했다.

    대한민국 국군의 역사는 크게 세 단계로 구분이
되는데, 일제강점기인 1939년 3월 1일 한국독립당 산
하의 당군으로 창설된 시기, 이후 1940년 9월 17일 중

국 쓰촨성 충칭에서 한국 광복군으로 명칭을 변경하여 유지된 시기, 그리고 1948년 8월 15일 대한민국 국군으로 재편되어 창군한 시기로 나뉜다.

1945년 8월 15일, 우리나라가 일제강점기에서 해방되자 과거 일본군, 만주군, 중국군 등에 소속되었던 우리 군인들이 하나둘씩 귀국하기 시작했다. 초기에는 이렇다 할 질서가 없이 저마다 대한민국을 대표하는 군사 단체라고 주장했으나, 당시 38선 이남을 통치하던 미 군정청의 주도로 1개 대대 병력의 남조선경비대가 창설되었고, 미군과의 원활한 군사적 협조를 위해 군사영어학교를 설치했다.

1946년 1월에 기존 남조선경비대는 국방경비대로 변경되었으며, 같은 해 3월 말 미 군정청은 군정법령 제64호에 의거하여 국방부를 설치했다.

이후 1948년 7월 17일에 대한민국 헌법과 정부조직법이 공포됨에 따라 기존 경비부내들은 국군으로 편입되어 국방경비대는 육군으로, 해안경비대는 해군으로 개편·발족했다. 이후 해군에서 해병대가 분리되고 육군 산하였던 항공사령부가 공군으로 개편·발족

하면서 국군은 현재와 같은 '3군(육군, 해군, 공군)+해병대'의 체제로 자리잡았다.

초창기의 혼란을 딛고 차근차근 체계를 잡아가던 대한민국 국군은 그 무렵 큰 위기를 겪게 되는데, 바로 1950년 6월 25일 새벽 4시, 야음을 틈탄 북괴군의 기습으로 시작된 한국전쟁이었다.

당시 국군은 8개 사단 1개 독립 연대 편성에 총 6만 5,000여 명의 정규군과 4만 9,000여 명의 일반 경찰 및 해양경찰이 배치되어 있었다. 그러나 오랜 시간 남로당, 빨치산 세력들과의 전투로 인한 전투력 손실과 정규전에 대한 대비 미흡으로 개전 3일 만인 28일 새벽 한강 인도교가 폭파됨과 동시에 수도 서울을 적에게 뺏기는 절체절명의 위기를 맞이하게 된다.

이후로도 한동안은 전쟁을 위해 치밀하게 준비를 해온 북괴군의 전력에 밀려 낙동강 방어선까지 후퇴에 후퇴를 거듭하고 만다. 마침 유엔군 총사령관에 임명된 맥아더 장군의 주도로 인천상륙작전이 극적으로 성공하면서 반전의 기회를 맞았고, 이후 치열한 공방 끝에 1953년 7월 27일 휴전협정을 맺으며 오랜 냉전에 접어들었다.

　3년여에 걸친 이 전쟁으로 우리 군은 14만 9,000
여 명이 전사하고, 71만 800여 명이 부상을 당했으
며, 13만 2,000여 명이 실종되는 등 막대한 피해를 입
었다. 북괴군 또한 29만 4,000여 명이 전사하고 22만
6,000여 명이 전사하는 등 우리 군보다 훨씬 더 큰 피
해를 입은 것으로 알려져, 실질적으로는 승전에 가까운
성과를 거둔 전쟁이었음이 밝혀졌다.

　국군이 정식으로 창설된 지 불과 몇 년 만에 전면
전을 치름으로써 막대한 피해가 발생한 것은 사실이나
완전히 손해만 있었던 것은 아니다. 일본군으로부터 빼
앗은 구형 장비나 미군으로부터 얻은 폐급 장비로 가
까스로 편제만 유지하던 국군이 세계 최강의 군사력을
자랑하던 미군과 연합 작전을 수행하면서 운영 면에서
나 장비 면에서 한 단계 획기적인 업그레이드를 이루
는 계기가 되었다.

　전후 폐허가 된 국토를 복구하고 부대를 재편하
며 재정비하던 우리 군이 다시 한 번 장비·편제나 전투
력을 포함한 전쟁 수행 능력 면에서 한 단계 올라서게

된 계기는 아이러니하게도 베트남 전쟁 덕분(?)이었다.

1955년부터 1975년까지 무려 20여 년간 지루하게 이어진 이 전쟁에 대한민국 군은 1965년부터 1973년까지 약 8년에 걸쳐 해병대 청룡부대(제2여단), 육군 백마부대(제9보병사단) 그리고 맹호부대(수도사단)가 주축이 된 5만여 명의 병력을 파병한다.

우리 군과 전투를 치러본 적 있는 베트콩 지휘관이 지레 겁먹고 "확실히 이긴다는 보장이 없을 경우 절대로 한국군과는 전투를 치르지 말고 우회 또는 회피하라"는 명령을 내릴 정도로 그 용맹함이 하늘을 찔렀다.

우리에게는 월남전이라는 이름으로 더 익숙한 이 전쟁을 통해 우리 군은 10년 전에 입었던 한국전쟁의 상처를 어느 정도 회복하고 군을 재정비하는 계기를 마련했을 뿐만 아니라, 나라 전체의 경제 발전에도 상당한 기여를 할 수 있었다.

1980년대 이후로는 엄청난 경제 발전과 국력 신장 덕분에 우리의 국방력은 과거에는 상상하지 못할 수준으로 급성장했다. 단순히 휴전선에서 북한과 대치하는 차원을 벗어나 상록수부대(소말리아, 동티모르), 동명부대(레바논), 서희, 제마, 자이툰, 다이만부대(이상 이라크), 단비부대(아이티), 해성, 청마, 동의, 다산, 오쉬노부대(이상 아프가니스탄) 등 수많은 전투, 비전투 부대 병력이 유엔평화유지군의 깃발 아래 전 세계를 누비고 있다. 그들은 경찰 활동을 통한 평화 유지와 전후 복구 사업 지원, 현지 의료 및 교육 여건 개선 활동 지원 등 보편적 인류애를 지키고 전파하는 데 앞장서고 있다.

여기까지 기본적인 학습을 마치자, 군대에 대해 가졌던 알 수 없는 걱정과 두려움이 이전에 비해 훨씬 줄어들었다. 이제부터는 본격적으로 내가 정한 세 가지 질문에 대한 답들을 찾아나가야 할 차례였다.

Take a chance! All life is a chance.
The man who goes farthest is generally
the one who is willing to do and dare.

기회를 잡아라! 모든 인생이 기회다.
가장 앞서가는 사람은 일반적으로
과감히 결단을 내리고 실행하는 사람이다.

— 세계적인 자기개발 작가, 강연가, 기업인 데일 카네기

12

입대,
고시만큼
어렵다

지금은 별로 흔하게 입에 오르내리는 말이 아닌 듯한
데, 우리의 선배 세대에서는 '3대 고시'라는 말이 있었
다고 한다. 법관이 되기 위해 치러야 하는 '사법고시',
행정관료가 되기 위해 치러야 하는 '행정고시' 그리고
외교관이 되기 위해 치러야 하는 '외무고시'가 바로 그

것이다. 그러다가 거기에 중·고등학교 교사가 되기 위해 치러야 하는 '임용고시'와 신문이나 방송국 기자, 아나운서, 피디PD 등이 되기 위해 치러야 하는 입사 시험(일명 '언론고시')까지 추가되어 한때 '5대 고시'라는 말도 유행하고는 했었다.

그런데 이제는 거기에 고시 하나를 더 추가해야 할 것 같다. 이른바 원하는 시기에 군대를 들어가기 위해 치러야 하는 '입대고시'가 바로 그 주인공이다.

물론 실제로 입대고시는 없다. 내 또래의 일부 청년들이 자조적인 의미로 농담 삼아 사용하는 단어이다. 그러나 최근 그 실상을 들여다보면, 다른 5대 고시와 시험의 방법과 성격이 다소 다를 뿐 '고시'라는 말을 붙인다 해도 전혀 이상하지 않을 만큼 가히 고시에 가까운 치열하고 어려운 관문들을 통과해야 한다.

2015년 한 일간지 보도에 나온 대학생 문 모 군은 무려 '입영 7수생'이라는 타이틀을 가지고 있었다. 군대를 가기로 마음먹은 뒤 무려 6번이나 입영 신청을 했지만 추첨에서 번번이 떨어져 6번이나 탈락 통지를 받은 것이다.

상황이 이렇게 된 데는 여러 가지 요인이 있다. 첫째로는 군에서 필요로 하는 인력의 규모가 점차적으로 줄어왔다. 갈수록 고도화되는 현대전의 양상에서 첨단 무기 체계가 등장하고 효율적인 작전 수행 능력이 향상되면서 과거만큼 병력이 필요 없어지다보니, 가장 많은 병력을 운용하는 육군에서부터 병력 수요가 확연히 줄어들었다. 2015년 말 현재 연간 현역병 입영 인원은 약 25만 명 정도라고 한다.

둘째로는 군의 수요보다 군에 입대하고자 하는 입영 대상자가 급격히 늘어난 점도 이와 같은 현상을 부채질했다. 통계청 자료를 기준으로 1990년생 남자는 34만 9,000여 명 정도였는데, 1992년생 남자는 그보다 10퍼센트 이상 늘어난 38만 8,000여 명, 1994년생 남자 역시 비슷한 수준인 38만 6,000여 명 가까이 급증한 것이다. 즉, 군에서 필요한 인력보다 군에 가고자 하는 혹은 가야 하는 인력이 최근 몇 년 사이에 계속해서 10만 명 이상씩 대기하게 된 것이다.

그러다 보니 2015년 1월에서 7월 사이에 육해공군과 해병대에 현역으로 지원한 인원은 약 63만 427

명인데, 실제 입대한 사람은 8만 4,000여 명에 불과하다. 약 7.5대 1의 경쟁률을 보인 셈인데, '입대고시'라는 말이 과장이 아님을 증명하는 수치라고 하겠다.

이전까지는 입영 예정자들에게 병무청에서 일방적으로 입영 시기와 부대 혹은 훈련소를 통보하는 방식이었던 것으로 알고 있다. 그러나 그와 같은 방식이 입영 대상자들이 학업 계획을 세우고 생계를 준비하는 데 많은 혼란을 주고 있다는 여론이 높아지자 병무청 홈페이지를 활용해 입영 일자 리스트가 오픈이 되면 그 일자에 입영을 하고 싶은 희망자들이 지원을 하는 선착순 제도로 변경이 되었다. 마치 대학교 수강 신청과 같은 방법이 도입된 것이다. 그러나 이 역시 동시 접속 과다에 의한 홈페이지 서버 다운 문제나 선착순 신청을 하기 위해 등교나 출근을 못 하는 사람들이 속출하는 문제점이 드러나면서 현재와 같은 추첨제로 방식이 변경되었다.

입영 시기별로 입영 예정자들이 지원을 하고 추첨을 통해 당첨된 사람들이 그 시기에 입대를 하는 추첨제 방식은 선착순제에 비해 여러 가지로 개선된 제도지만 그래도 여전히 여러 가지 문제점이 남아 있다. 앞서 한 일간지에 보도된 사례에 언급된 문 모 씨처럼 수십 차례 추첨에 떨어져 몇 개월간 입대 날짜만 기다리고 있는 이른바 '입대낭인'들이 그 대표적인 사례이다.

자, 입대도 자기 맘대로 못 하는 시대이다. 어떻게 하면 원하는 시기, 원하는 군대에 가서 멋진 생활을 이어갈 수 있을까?

13

입대 시기를
결정할 수 있는
방법

나 역시 다른 이들 못지않게 '가급적 내가 원하는 시기
에 입대를 할 수 있었으면' 하는 간절한 바람이 있었다.

또래에 비해 대학 입학 시기가 다소 늦은 나는,
가급적 휴학-입대-전역-복학으로 이어지는 과정에서
그 공백이 최소한이 되었으면 했다. 아는 선배의 친구

중에 휴학하고 제주도 고향집에 가서 3일간 쉬었다가 입대한 뒤, 전역하고 이틀 만에 복학한 기가 막히게 운이 좋은 사람이 있다는 얘기를 듣고 얼마나 부러웠는지 모른다.

특히 나처럼 집이 아닌 외지에서 그것도 한국의 군 입대 문화에 대한 이해가 거의 없는 해외 학교를 다니는 입장에서는 입대 시기를 선택하는 것이 무엇보다도 중요했다. 나는 전역과 동시에 복학하기를 원했고, 그러자면 9월에 학기가 시작되는 걸 고려해서 8~10월 사이에 입대해야 했다.

말 그대로 '입대고시'를 위한 '입대전략'을 짜야만 했다.

장교나 부사관 같은 직업군인이 아닌 일반병으로 군대에 가는 방법은 크게 두 가지로 나뉜다. 하나는 '징집'이고 다른 하나는 '모집'이다. 징집은 말 그대로 입영 통지서가 나오면 일반 육군으로 가는 것으로, 입영 대상자 중 거의 대부분의 사람들이 선택하는 방법이다. 병무청 홈페이지를 통해 본인이 입영 일자를 선택해서 추첨에 응할 수는 있지만, 입영할 부대와 군사

특기는 선택하지 못한다.

반면 모집 지원병은 복무할 군(육해공군)과 본인이 소지한 자격·면허·전공과 관련 있는 군사특기·계열·직종 등을 선택할 수 있으며, 일부는 입영 부대를 선택할 수도 있다. 우리가 익히 알고 있는 해군, 공군, 해병대는 모두 모집 지원병이며, 육군도 병종에 따라 일부 모집 지원병을 선발한다.

따라서 일반 징집을 통해 원하는 시기에 자신에게 잘 맞는 군대에 입대한다는 것은 언감생심 꿈도 못 꾸게 되었다. 입대를 하루라도 빨리 하고 싶다면 해군, 공군, 해병대 중에 지원을 하는 방법을 선택하거나 각종 특기병으로 지원을 해서 입대를 하는 것이 주효한 방법이다. 한시라도 빨리, 그리고 가급적이면 복학 시기 전에 안전하게 전역을 하고 싶었던 나 역시 징집보다는 조금 알아보는 수고를 해서라도 모집 지원병으로 입대를 하기로 했다.

모집 지원병의 장점은 또 있었다.

'공포는 무지에서 온다'라는 말이 있다. 우리가 어떠한 일이나 사람, 환경에 대해 공포와 두려움을 느끼게 되는 가장 큰 이유는 '무지' 때문이라고 한다.

군 입대에 대해서도 마찬가지다. 대다수의 입영 대상자들은 평생에 단 한 번 군대를 간다. 그러다 보니 입영 대상자들 중 군대에 대해서 잘 아는 사람들은 거의 없다. 심지어 징집으로 입대를 하면 실제 자대 배치를 받고 그 부대로 실려갈 때까지 '내가 어느 지역에 있는 어느 부대에 속하게 되는지' '그곳에서 어떤 업무를 맡게 될 것인지'에 대해 전혀 모르는 경우가 비일비재하다. 가뜩이나 처음 하는 군 생활인데 거기에 '무지에서 온 불안'까지 더해진다면 그 공포의 무게는 상상만 해도 끔찍하다.

때문에 그러한 무지를 가급적 조금이라도 덜어내는 방법으로 모집 지원병으로 군대에 가는 것은, 내가 실제로 경험해보니, 주위에 적극적으로 권해줄 만한 선택이었다.

If you don't design your own life plan, chances are you'll fall into someone else's plan.

당신이 당신의 인생 계획을 만들지 못하면
다른 사람의 계획을 따를 수밖에 없을 것이다.

— 미국의 기업가이자 작가 짐 론

14

아는 만큼
골라서
가는 군대

지원병으로 입대하기로 결정한 이상 이떤 군, 어떤 부
대, 어떤 보직으로 지원하느냐가 중요했다. 나의 성격,
생활 패턴, 성장 환경, 장래 희망, 군 생활에 바라는 점
등을 고려했을 때 어떤 군을 지원해야 할시가 궁금했
다. 또한 내가 가고 싶다고 해서 아무데나 다 갈 수 있

는 것은 아니었으므로, 내가 지원할 수 있는 군, 부대, 보직은 어떤 것이 있는지 역시 궁금했다. 그래서 하나 하나 꼼꼼하게 따져보기로 했다.

육군

일반적으로 가장 많은 젊은이들이 입대하는 군이다. 일단 부대 숫자도 많고 당연히 복무 중인 병사의 숫자 역시 타 군에 비해 압도적으로 많다. 때문에 다른 군과 달리 육군은 전부 자동 징병 대상인 듯 보이지만, 실제로는 엄청나게 많은 지원병 제도가 있다. 따라서 육군의 지원병 제도는 별도로 설명하기로 하겠다.

공군

2016년 하반기 현재 복무 기간이 24개월로 육군이나 해군에 비해 긴 편이다. 그러나 군 특성상 대도시 인근에 대부분의 부대가 주둔하고 있고 외출, 외박, 휴가 등이 타 군에 비해 자유롭고 넉넉한 편이라 입대 예정자들에게 인기가 높다.

　이런 장점 탓에 공군 일반병, 기술병으로 입대하

려는 지원자들이 몰려 입대하기가 상당히 까다로운 편이다. 과거에는 면접은 물론 내신과 수능 성적까지 보는 등 상당히 복잡하고 까다롭게 선발 과정을 진행했지만, 2015년 말부터는 자격증과 전공 위주의 더 간결하면서도 공정한 선발 방식으로 바뀌었다.

구분		배점
1차(서류전형)	자격/면허	40점
	전공	30점
	출결	10점
	가산점	20점
2차(면접)		25점
계	1차 + 2차	125점

| 공군 선발 배점표 |

선발 과정을 거쳐 합격이 되면 경상남도 진주시에 있는 공군 기본군사훈련단에 입소하게 되는데, 가입

교 기간을 포함해 총 6주간의 훈련을 받는다.

6주간의 기본 훈련을 마치면 각각 부여받은 주특기별로 개별 교육기관에 가서 본격적인 실무 교육을 받게 된다. 교육 기간은 특기별로 조금씩 다른데 통상 3~4주 정도면 모두 마치고 자대에 배치받는다. 교육 기간 틈틈이 여러 가지 과제와 테스트가 있긴 하지만, 가장 큰 테스트는 처음 6주간의 교육을 마칠 때 한 번, 주특기 교육을 마칠 때 한 번 치르게 되며, 이때의 성적이 이후 부대 배치에 큰 영향을 미친다.

자대에 배치받은 후에는 특기별로 담당 임무를 수행하는데 주된 임무는 장교나 부사관의 지시에 따라 항공 운항 관제, 항공 기상관측, 항공 기재 보급, 항공 탄약 정비 및 항공 유류 보급 등 전투비행이나 수송에 필요한 지원을 담당한다. 유무선 정비, 정보체계 관리, 항공 전자상비 징비 등 통신에 관련된 업무 지원, 혹은 일반·특수차량 운전, 기지 시설 성비, 급양 등 부대 운영 전반에 대한 지원 업무를 하기도 하며, 헌병이나 방공포 등의 주특기를 받아 기지 시설 방호 및 대공방어의 역할을 하기도 한다.

대체적으로 특정 전문 분야에 대한 업무를 주된 임무로 맡게 된다. 따라서 업무에 대한 만족도가 높고, 간부들과의 인간관계 역시 타 군에 비해 조금은 더 유연한 면이 없지 않다. 경쟁률이 높기는 하지만, 사전에 면밀한 준비를 거쳐 충분히 도전해볼 만하다.

해군

영국 여왕 엘리자베스 2세는 슬하에 3남 1녀를 두었는데, 딸인 앤 공주를 제외한 세 아들들에게는 한 가지 공통점이 있다. 왕위 계승 서열 1위인 장남 찰스 황태자는 6주간의 왕실해군 훈련 코스를 수료하고 1971년부터 6년간 해군장교로 함선에서 근무했다. 그 동생이자 요크 공작인 앤드루 왕자는 1979년 왕립해군사관학교에 진학하여, 해병대 지휘관 과정까지 수료한 뒤 해군에 입대해 대잠수함 공격용 헬기 조종사로 포클랜드 전쟁에 참전까지 했다. 웨식스 백작이자 셋째 아들인 에드워드 왕자 역시 케임브리지 대학 재학 중 해병대장교 사관후보생으로 임관했다.

이처럼 해군은 영국뿐만 아니라 전 세계의 왕족

들이라면 대부분 거쳐가는 부대로 정평이 높다. 그만큼 국가적으로 중요하며 상징성이 있다. 반대로 그 때문인지 해군은 복장과 의전 등에서 예법이 엄격한, 멋있는 군대의 대명사로 여겨지기도 한다. 무엇보다 군함을 타며 나라를 지키는 일은 어마어마한 자부심을 느끼게 한다.

반면 한국에서는 장기간의 함정 생활로 인한 생활의 불안정함과 열악함, 육군보다 복무 기간이 길지만 공군처럼 외출·외박이 많지 않은 어정쩡한 복무 여건 등으로 인해 주목받지 못했던 것도 사실이다. 하지만 근래 들어 대양 해군을 지향하는 군 당국의 적극적인 투자로 인해 근무 여건이 향상되었다. 육군에서 하는 행군도 없고 휴가도 많아졌다. 또한 적극적인 모병 홍보 활동 등으로 인해 입대 예정자들에게 가장 인기가 많은 군 중 하나로 부각되고 있다.

병무청 홈페이지를 통해 지원서를 작성 제출하면 1차 서류 합격자에 한해 면접 및 신체검사가 이뤄지는 등의 전반적인 절차는 공군과 유사하나, 자세한 사항은 병무민원포털mwpt.mma.go.kr을 통해 꼼꼼히 확인해야 한다. 갑판, 전탐, 병기, 보급, 헌병 등 5개의 직별은 특기 없이 일반병으로 지원하여 입대한 훈련병들을 대상으로 전산 배정하며, 나머지 기술병들은 입영 시 미리 지원을 해서 별도로 배정한다. 합격을 하면 경상남도 진해에 있는 해군 기본군사훈련단으로 입영해서 훈련을 받고 자대에 배치받는데, 공군과 다른 점은 훈련 과정에서의 시험 성적이 자대 배치에 영향을 주지 않는다는 점이다.

삼면이 바다로 둘러싸인 우리나라에 '대양의 패자'를 꿈꾸던 장보고 장군의 후손으로 태어나 살아가며, 한 번쯤은 망망대해 거친 바다에서 국토 수호의 결의를 다지고, 자신의 미래에 대한 로드맵을 그려보는 것도 괜찮지 않을까? 그런 생각에 가슴 부푼 젊은이라면 해군을 지원해보는 것도 좋다.

해병대

'한 번 해병은 영원한 해병' '귀신 잡는 해병대' '대한민국 3대 사조직 중 하나인 해병선우회' 등 우리나라 군 중에서 가장 별명도 많고 부대에 얽힌 에피소드도 많은 부대가 바로 해병대이다. 그만큼 복무 중 또는 전역하고 나서도 자신의 부대에 대한 자부심이 강한 부대이면서 그 이름에 걸맞게 훈련이 혹독하기로도 유명한 부대이다.

실제로 대한민국 해병대의 전투력은 전 세계 해병 중에서도 세 손가락 안에 들 정도라고 하며, 한국전쟁을 시작으로 월남전을 거쳐 현재까지 치른 거의 대부분의 전투에서 크게 패한 전적 없이 늘 승승장구해서, 자칭 타칭 '무적 해병'이라 불리고 있다.

해병대는 창설 이후로 1958년도까지는 전원 징집으로만 신병을 모집했었다. 그랬던 것이 10년 후인 1967년도 무렵부터는 징집과 자발적인 지원을 병행해오다가, 1990년대부터는 점차 자발적인 지원병들을 위주로 신병을 모집하기 시작했고, 2003년부터는 100퍼센트 지원자 위주로 선발하고 있다.

현재 해병대는 크게 1, 2사단과 백령도와 연평도 등에 부대가 있는데, 공통으로 선발하여 훈련을 마친 뒤 각 부대로 배치되는 형태로 모병을 하고 있다. 모병 방식은 고등학교 생활기록부와 체력검사 그리고 면접으로 이루어진다. 기사, 산업기사, 기능사 등의 자격증을 보유하고 있거나, 국사편찬위원회 주관으로 열리는 한국사능력검정시험에서 중급인 4급 이상의 자격을 획득하거나, 무술 유단자, 헌혈 등 사회봉사 우수자, 지방자치단체의 장급 이상 표창 수상자는 가산점을 받을 수 있다.

구분		배점
1차	고교 성적	35점
	출결	45점
	가산점	20점
2차	면접	60점
	체력검사	60점
	신체등급	20점
계	1차 + 2차	240점

| 해병대 선발 배점표 |

원래의 명칭은 주한 미8군 한국군지원단으로, 영어 명칭인 'Korean Augmentation To the United States Army'의 앞 글자를 따서 '카투사KATUSA'라고 불렀던 것이 어느덧 원래의 기나긴 부대 명칭을 대신하는 고유명사가 되어버렸다.

원래의 소속은 육군 인사사령부 소속으로 주한 미국 육군에 파견되어 근무하는 엄연한 한국군이지만, 생활 공간이 미군 영내에 있고 군 복무 중 주로 접하는 상대가 주한 미군이라 훈련이나 생활 등에서도 부득이하게 미군의 영향을 많이 받게 된다. 그렇다 보니 어학이 조금 되는 입영 대상자라면 누구나 복무를 희망할 정도로 인기가 많다.

카투사는 지원서 접수 연도 기준 18세 이상 28세 이하의 입대 지원자 중 중학교 졸업 이상의 학력, 신체검사 결과 현역병 입영 대상자 중에서 일정 수준의 어학 점수를 획득한 이들 중 전산 무작위 추첨을 통해 선발한다. 지원 및 선발 시기는 매년 다른데, 대략 9월 중순 중 약 일주일간 신청을 받고, 11월 중순에 추첨을 하여 이듬해 1월부터 12월 사이에 입영하게 된다.

구분		성적
TOEIC		780
TEPS		690
TOEFL	PBT	561
	IBT	83
G-TELP	Level2	73
FLEX		690
TOEIC	Speaking	140
TEPS	Speaking	61
OPIC		IM2

| 카투사 지원을 위한 어학시험 자격 요건 |

문제는 1인 1회 지원만 가능하다는 점이다. 한 번 지원해서 떨어지면 이후에는 다시는 지원을 하지 못하

므로 처음 지원할 때 꼼꼼히 따져보고 해야 한다.

기타 전환복무(의경, 의방 등)

현역으로 병역 의무를 이행하되 군인이 아닌 다른 분야에서 해당 의무를 이행하는 이들을 말하는 전환복무에는 크게 의경, 해경, 의방 등이 있다. 과거 교도소 등을 지키던 경비교도대와 시위 진압 등을 주 업무로 했던 작전전경은 폐지되었다.

전환복무 중 대다수를 차지하는 의경은 '의무경찰'의 준말로 경찰공무원을 도와 민생 치안과 사회질서 유지, 시위 진압 및 테러 방지 등의 다양한 역할을 하는 이들을 말한다. 입대를 하면 논산훈련소에서 4주간의 기초군사훈련을 받고, 전국 각지(10여 곳)에 있는 기동경찰교육훈련센터에 입교하여 3주간의 훈련을 더 받고 사내에 배치받게 된다. 서울로 배치받는 경우 고양시 덕양구에 있는 서울경찰수련장(일명 '먹세경찰학교')에서 훈련을 받는다.

훈련은 짧은 시간에 많은 내용을 배워야 하는 만큼 빡빡한데 기본적인 방패술, 체포술부터 시작해서 무전기 사용법, 탐침 검문법 등을 배운다. 3주간의 훈련을 모두 마치면 우선 선발과 추첨을 통해 주요 공공기관 근무자, 기동대 근무자, 방범순찰대 근무자 등으로 보직이 결정되고 자대로 배치된다.

의경의 주요 근무지가 대도시 혹은 대도시 인근 지역이고 전반적인 근무 여건 역시 양호한 편인 데다가 전역 후 사회생활로의 복귀·적응이 빠른 편이고, 경찰공무원 특별 채용의 기회도 부여되기에 최근 들어 지원자가 급증하는 추세이다. 지원 방법은 대한민국 의무경찰 홈페이지ap.police.go.kr로 들어가 지원서를 제출하면 매달 게시판을 통해 배정된 시험 날짜가 게시된다. 시험은 각 지방경찰청 상황에 따라 조금씩 다르기는 하지만 대략 하루 동안 치러진다. 신체검사와 체력검사를 치르고 인성검사가 진행된다. 체력검사는 윗몸일으키기, 멀리뛰기, 팔굽혀펴기 등의 종목을 측정하는데 기초적인 체력 점검 수준이다. 인성검사는 총 337문항에 걸쳐 지원자의 심리적 안정 상태와 집단생활 적응 정도 등을 점검한다. 최근에는 지원지가 급증하여 이러한 과정을 모두 거친 성적 우수자 중에서도 다시 추첨을 통해 입대를 결정하고 있다.

의무소방대는 2000년대 초반, 빈번한 대형화재 발생에도 불구하고 소방 인력의 부재로 소방공무원이 과로로 순직하거나, 동시다발적인 재난에 제대로 대처하지 못하는 경우가 발생하면서 신설된 전환복무제도이다. 소정의 훈련을 받고 나면 각 시도 소방서에 배치되어 구조대 출동 보조, 화재 조사 등의 업무를 담당하게 된다. 신체검사와 필기시험을 통과한 대상자에 한해 면접으로 선발하며, 논산훈련소에서 4주간의 기초군사훈련을 마친 뒤 중앙소방학교에서 다시 4주간의 후반기 교육을 받고 자대에 배치된다.

15

나는
어떤 자리에
맞는 사람인가?

경기도 남양주시, 안양시, 충남 천안시, 경북 포항시이
공통점을 아는가?

아마 모두들 갸우뚱할 것이다.

이들의 공통점은 바로 개정된 지방자치법과 지
방분권법에 따라 특별한 지위를 갖는 '특례시'라는 점

이다. 우리나라에는 서울이라는 특별시와 7개의 광역시가 있다. 그런데 규모나 인구 숫자는 그에 못 미치지만 속한 광역시도에서의 위상과 인구와 산업, 경제 규모 등이 일반적인 시보다는 월등히 클 경우, 재정 및 인사 등의 권한에서 도가 아닌 중앙부처의 감독을 받고 독립적인 구를 둘 수 있는 등의 혜택을 받는다.

그렇다 보니 특례시 선정은 매우 깐깐하게 진행이 되는데, 가장 중요한 기준이 시에 주민등록상 주소지를 둔 인구수이다. 기준은 50만 명으로 그 이상이 될 때 대한민국에서는 대도시, 특례시가 된다.

2014년 말 기준 대한민국 국군은 63만여 명이다. 안양시(60만 300여 명) 전체 인구보다 많은 사람들이 군복을 입고 나라를 지키고 있는 셈이다. 한마디로 광역시보다는 작지만 일반 도시보다는 몇 배나 큰 도시 하나가 군대라는 생태계를 이루고 있는 것이다.

그에 따라 이 생태계를 유지하기 위한 다양한 직업들이 존재하는데, 일반적인 전투(훈련 포함)나 경계 등의 임무가 아닌 조금은 독특한 기술이나 경험이 요구되는 임무를 수행해야 하는 병력들이 필요하고, 이들을 일컬어 특기병이라고 한다.

군이라는 생태계가 넓고 큰 만큼 군에서 필요한 특기병의 종류도 책 한 권을 다 채워도 지면이 모자랄 만큼 다양하다. 자신의 특기, 취미, 보유한 자격이나 면허, 경험 등을 고려해서 병무청 홈페이지 등을 통해 수시로 검색해보면 의외로 '이런 특기도 군대에서 필요해?'라고 할 정도로 독특한 특기병 보직을 발견할 수 있다.

대표적인 사례로, 현재는 해체되기는 했지만 한때 공군에서 부대 홍보 등의 목적으로 프로게임단을 운영하며 e-스포츠병을 선발했었다. 이때 선발되어서 활동한 사람이 '테란의 황제'로 불렸던 임요환 선수, '폭풍저그' 홍진호 선수이다.

이외에도 육군사관학교 생도들의 승마 교육용으로 쓰이는 마필을 관리하는 군마조교병, 공군사관학교 소속으로 장병 사기 진작과 대국민 홍보 활동을 위해 다양한 댄스 공연을 수행하는 동아리지도병(일명 'B-Boy병'), 유해발굴사업단 소속으로 과거 치러진 전쟁과 전투 희생자들의 유골을 발굴하고 수습된 영현을 이송하는 임무를 맡고 있는 유해발굴감식병 등도 특이한 특기병으로 꼽히고 있다.

그러나 이와 같은 특기병은 매년 한두 명에서 많아야 10명 안팎으로만 뽑는다. 해당 분야와 관련해 어려서부터 준비해왔다던지 관련 전공 학생이라면 모를까, 특기만을 바라보고 군 입대를 준비하는 것은 현실적으로 어리석은 일이다. 대신 좀 더 보편적이면서도 비교적 다수를 선발하는 특기병들도 있다.

어학병

한국군은 지정학적 특성상 미국, 중국, 일본, 러시아 등 세계열강의 틈바구니 위치해 있고, 여러 우방들과의 공동 작전 능력이 전쟁 억지의 중요한 방편 중 하나이다. 그러기에 능통한 외국어 구사 능력을 갖춘 병력을 필요로 하고 있다.

따라서 주로 대대급 이상의 부대에서 성보병 또는 작전병으로 근무할 어학 능통자를 어학병으로 선발하고 있다. 입영 대상자 중 영어, 중국어, 일본어, 러시아어, 아랍어, 프랑스어, 독일어, 스페인어 등 8개 국어 중 하나 이상을 구사할 수 있다면 어학병을 준비해보자. 영어를 기준으로 했을 때 응시 자격이 토익 점수 900점 이상, 일본어 JNPT N1 150점 이상(유효 기간 없음)인 자로서 기준은 대단히 높은 편이다. 성적표를 첨부하여 지원서를 접수하면 합동군사대학교 국방어학원에서 진행되는 어학 평가를 거쳐 선발이 이루어진다.

어학병의 경우 군 생활의 보람도 크고 해당 언어를 군 생활 중 지속적으로 사용함에 따라 군 복무 기간에 어학 실력이 감소할 것을 염려할 필요도 없다. 어학병이 필요한 부대가 대대급 이상이라고는 하나 대부분 사단 이상 상급 부대의 산하 부대인 경우가 많아 근무여건이 좋은 편이라 늘 많은 입대 예정자들이 몰리고 있다.

전산 관련 특기병

정보화시대를 맞이하여 우리 군에서도 다양한 전자·전기·전파기자재 및 관련 기술을 활용한 무기들을 운용하고 있다. 따라서 그러한 것들의 운용 및 부대 내 운영 실태를 관리 감독하고, 관련된 교육을 담당하거나 교보재를 만드는 일 등을 전담하는 특기병들이 필요해 졌다. 대표적인 것이 정보보호병인데, 이 특기병은 육 군본부와 전방의 일부 사단을 포함한 군단급 이상의 상급 부대에서 컴퓨터 정보 보호 관련 임무를 수행하 고 있다. SW Software 개발병 역시 전산 관련 특기병 중 하나이다. 이들은 육군본부 산하의 육군전산소나 사이 버사령부에 소속되어 군 포털사이트나 인사 관련 인트 라넷 등을 개발, 유지, 보수하는 일들을 하게 된다.

전산 관련 전공, 자격증, 실제 경험 등을 가진 사 람들이 선발에 유리하다. 학교 또는 사회에서 하던 업 무를 계속할 수 있고, 전역 후에도 군 복무 기간이 관 련 학과 전공 점수에 반영된다거나 근무 경력에 산입 돼 호봉을 인정받을 수 있다는 등의 장점이 있다. 반면 야근 등의 산업이 많고 군 생활 특유의 건강한 육체 활 동을 많이 접하기 힘들다는 아쉬움도 있다. 그럼에도 불구하고 대부분 근무지가 상급 부대에 편중되어 있고, 포상 휴가 등 여러 가지 혜택이 많은 편이어서 높은 인 기를 구가하고 있다.

군악대의 역사는 이집트 벽화에서 찾아볼 수 있을 정
도로 그 역사가 오래되었다. 전투에서 가장 중요한 것
이 아군의 사기를 높이고 적군의 기를 꺾어놓는 것인
데, 무시 못 할 위력을 지닌 방법이 바로 음악, 즉 군악
의 힘이다.

중국의 역사서인 『사기史記』를 보면 초나라의 항우
가 해하에서 한나라 군대에게 포위당했을 때, 한나라
군이 초나라의 전통 악기를 연주하며 그에 맞춰 초나
라 민속음악을 불러 초군의 사기를 완전히 꺾어버리고
전투에서 이겼다는 이야기가 나온다.

옛 오스만 제국의 군대 역시 전장의 맨 앞에 군악
대를 배치하여 적군들이 그 음악 소리만 듣고도 지레
겁을 먹고 참호 밖으로 나오지 못하고 벌벌 떨기만 했
다는 내용이 기록에 남아 있다. 그만큼 군악은 보이지
않는 큰 힘을 가지고 있다.

대한민국 국군 역시 1946년 미 군정 군사 고문관
들의 도움으로 조선경비대 산하에 설치된 군악대를 모
태로 여러 개의 군악대를 운영하고 있다. 국립 현충원

서편에 주둔하고 있는 국방부 산하 군악대대를 필두로, 육군본부에는 양악대와 국악대의 양대 군악대대가 설치·운영되고 있고, 해군과 공군본부 역시 별도의 군악대를 두고 있다.

여기에 육군사관학교와 수도방위사령부 산하에 50인조 이상의 악기 주자로 편성된 대규모 군악대가 있어 내부 행사부터 시작해 국군을 대표하는 국가 행사, 방송까지 출연한다. 육군3사관학교를 비롯하여 각 야전군사령부, 해군의 경우 해역사령부 등의 산하에는 36인조 이하 규모의 중대형 군악대가 있어 내부 행사와 관내 행사 등을 적극 지원함으로써 국군 장병들의 사기 앙양과 군에 대한 국민들의 인식 개선에 크게 기여를 하고 있다.

군악병은 그 특성상 다른 무엇보다도 악기 연주 실력이 중요한데, 50인조 이상의 대규모 군악대의 경우 전공자 이상의 연주 실력이 필요하나, 만면 36인조 이하의 중대형 규모 군악대의 경우 특정 악기에 한해서는 전공을 하지 않은 아마추어 연주자라 하더라도 본인의 노력 여하에 따라 얼마든지 선발될 수 있다.

모집 분야는 양악기의 경우 목관악기, 금관악기, 타악기, 현악기, 실용음악의 다섯 개 분야에서 선발한다. 실용음악에는 음향장비 조작이나 작곡과 같은 분야도 포함되어 있다. 국악기의 경우 관악기, 현악기, 타악기에 더해 국악 작곡과 성악, 무용 등의 분야에서 선발을 실시하고 있다.

특공병·특전병

특공병은 공중강습, 대테러 등의 특수 임무를 주로 수행하는 특수작전부대에 배치되어 근무하고자 하는 입대 예정자들을 위한 지원병이고, 특전병은 특수작전을 위해 전국 6개 지역에 주둔하고 있는 지역대에 배치되어 여러 가지 부대 운영 보조 등의 업무를 수행하는 지원병을 말한다.

일반적으로 특공병은 각 군사령부 예하의 특공여단이나 군단 예하이 특공연대에 소속되어 군 생활을 하게 되고, 특전병은 특수전사령부에 소속되어 전투 지원이나 행정 보조 등의 업무를 수행한다. 특공대의 경우 병 중심의 인력 구조이므로 특공병들이 직접 특공

구분		배점
1차	무도 단증	30점
	입상 경력	10점
	고교 출석률	10점
2차	윗몸일으키기	25점
	팔굽혀펴기	25점
계	1차 + 2차	100점

| 특공병 선발 배점표 |

작전 등을 수행하는 실 전투 병력이다. 그에 반해 특전
사의 경우 부사관 이상의 간부들을 중심으로 구성된
인력 구조이므로 특진병들은 실제 전투 임무 수행보다
는 전투 병력들의 작전 수행과 훈련을 지원히는 여할
을 담당한다. 그럼에도 불구하고 두 지원병은 무도 단
증이 선발 기준에서 큰 비중을 차지하고 있다.

구분		배점
1차	무도 단증	15점
	자격증	15점
	입상 경력	10점
2차	체력 평가	20점
	면접 평가	30점
	신체등위	10점
계	1차 + 2차 + 신체등위	100점

| 특전병 선발 배점표 |

기타

이 밖에도 다양한 분야에서 자신의 특기를 살려 군 생활 동안 그를 연마하고 경험을 쌓을 수 있다. 특허나 실용신안 등을 관리하는 업무를 담당하는 지식재산관리병, 군 인력을 훈련·육성하는 업무를 담당하는 훈련소조교병, 군 내부의 주요 회의 내용을 정리하고 관련 기록물들을 생산하는 속기병, 군 내외부에서 진행되는 군과 관련된 다양한 의장 행사에서 각종 공연·의전 등을 담당하는 의장병, 헌병대나 기무부대 등에서 사건 조사 및 관련 업무 지원 등의 업무를 맡는 사이버수사병 및 수사헌병, 국군홍보원 산하 국군방송 등에서 방송 제작·진행 등의 업무를 하는 방송병, 중앙경리단 등의 부대에서 비용의 집행 및 회계 정리 등의 업무를 맡는 회계원가비용분석병 등 다양한 특기병 제도가 운영되고 있다.

자세한 사항은 병무청 홈페이지 등을 통해 지속적으로 찾아보아야 한다.

한 가지 명심할 것은, 자신과 궁합이 맞는 부대로 원하는 시기에 입대하기 위해서는 남보다 조금이라도 더 발품을 팔고, 조금이라도 먼저 찾아보는 부지런함이 필요하다는 점이다. 많은 일들이 그렇지만 특히 입영 지원 분야만큼은 높이 니는 새가 먼저 보고, 일찍 일어나는 새가 벌레를 잡는 법이다.

Drive thy business or
it will drive thee.

당신이 일을 이끌고 가라, 그러지 않으면
일이 당신을 몰고 갈 것이다.

— 미국의 정치인이자 과학자이자 작가 벤저민 프랭클린

16

보직 선택,
어려워도
도전해보자

지금은 많이 사라졌지만, 한때 군대 문화라고 하면 '시키면 시키는 대로 두말없이 따른다'였다. 위험한 무기와 장비를 보유하고, 웬만한 광역시 인구 규모의 젊고 혈기 넘치는 이들을 통제해야 하기에 어쩔 수 없이 강조할 수밖에 없었던 상명하복 문화가 담겨 있는 문구인 듯하다. 실제로 군대에서는 명령과 지시에 따른 복종과 이행만 있을 뿐, 명령을 거절하거나 지시를 불이행할 경우 군법으로 엄하게 다스리고 있다.

때문에 대부분 상급 부대 또는 상부에서 정해서 내려오는 부대 내 보직을 본인이 원하거나 원하지 않는다고 해서 마음대로 바꿀 수 없는 노릇이다. 그러나 '지성이면 감천'이요, '하늘은 스스로 돕는 자를 돕는다'라고 했다. 본인이 현명하게 보직을 살펴 그에 걸맞은 경험과 능력을 적극적으로 어필한다면 의외의 결과를 얻을 수가 있다.

관련한 전공과 자격증 등이 정해져 있는 특기병과 달리, 부대 내 보직의 경우 병사 개인별로 어떤 보직에 적합한 능력을 얼마나 보유하고 있는지를 쉽게 증명하거나 판단을 내리기 애매한 경우가 많다. 따라서 조금만 적극적으로 챙기고 나서면 의외로 어렵지 않게 본인이 원하는 보직을 얻을 수도 있다.

행정병

일반적으로 부대 행정병이라 하면 후반기 교육 등을

통해 행정사무를 전문적으로 처리하는 병사로 육성된 이들만을 지칭하는 거라 생각하기 쉽다. 하지만 실제 부대 운영을 보면 행정병의 수요가 공급되는 숫자보다 늘 많기 때문에 각급 부대에서는 공식·비공식적으로 자체 행정병을 운영하고 있다.

가까이는 중대 행정반에만 가도 각종 사무를 보조하고 자질구레한 일들을 처리하기 위한 행정병을 운용하고 있고, 상급 부대로 가면 갈수록 더욱더 많은 행정병 수요가 있다.

사실 행정병은 야근을 해야 하는 경우도 많고, 상급 간부와 같은 공간에서 업무를 해야 된다는 자체가 부담일 수 있어 개인마다 호불호가 많이 갈리기는 한다. 하지만 몸을 쓰는 전투병 업무보다 머리와 사무 능력을 활용하는 업무가 본인의 취향에 더 맞을 경우 도전해볼 만하다.

지원을 위해 필요한 능력으로는 컴퓨터와 관련된 것들이 많은데, 컴퓨터활용능력1·2급, 워드프로세서 1·2급, MOS 등을 취득하면 유리하다. 그러나 자격증보다 행정병의 업무 특성상 책임감, 적극성, 주위에 대한 배려, 긍정적인 태도 등 생활 태도를 더 중요시한다.

수송병

기술행정병으로 후반기 교육을 따로 받고 배치되는 것
이 보통이지만, 대대 이하 하급 부대의 운전병 중에는
필요에 따라 부대 내에서 자체 선발해서 교육 파견을
다녀와서 운전병을 맡는 경우도 많다. 특히 후방부대,
향토방위부대, 예비군 훈련을 주로 하는 부대에 이런
케이스가 많다.

수송병은 대략 두 부류로 나뉘는데, 운전만 전담
하는 운전병과 차량 정비를 전문적으로 하는 정비병이
있다. 그러나 전투 등 실제 상황에서는 언제 어떤 일이
발생할지 모르므로 운전병도 기본적인 차량 정비를 할
수 있어야 하고(실제 일과 중에 정비를 하기도 하고), 정비
병 역시 차를 수리·보수하려면 차량을 움직여야 하므
로 대부분 군면허를 보유하고 있다.

한때 수송병들의 군기가 세다는 소문이 돌아 지
원자가 급감하기도 했지만 현재는 개선되었고, 운전이
나 정비는 사회에 나와서도 유용한 기술이다보니 지원

하는 인원이 점점 늘고 있다.

입대 전에 운전면허증을 취득하는 것이 유리한데 자동변속기가 아닌 수동변속기 면허 1종을 따놓는 것이 유리하다.

시설관리병

부대의 주요 시설은 공병대에서 짓고 보수하지만, 나머지 대부분의 시설들은 부대 자체적으로 만들고 관리한다. 이런 것들을 관리하는 병사들을 시설관리병이라고 하는데, 부대의 규모에 따라 운용하는 병력의 종류와 숫자가 판이하게 다르다.

통상적으로 대대급 이상의 부대만을 두고 살펴보면, 보일러나 유류창고 등을 관리하는 보일러병이 있고, 부대장의 관사와 집무실 등을 관리하는 관사관리병 또는 CP병, 그 외에도 목욕탕관리병, 테니스장관리병 등 그 숫자는 부대 내에 존재하는 관리가 필요한 시설의 숫자만큼이나 많다.

조금은 민감한 얘기인데 사실 군 정식 편제에 시설관리병이라고 못 박아둔 보직은 거의 없다. 대대급 이하 부대의 경우 일반 소총소대에 편성된 소총병, 연대 이상일 경우 본부중대나 본부대에 소속된 일반병 중 선발해서 보직을 부여하는 것이 대부분이다. 그러다 보니 군전투 지휘검열 등 상급 부대의 검열이 오면 부랴부랴 원래의 보직으로 찾아가서 평상시 해보지도 않았던 소총수, 2탄 사수, 정훈병인 척하던 것이 과거의 모습이었다.(현재도 크게 다르지는 않을 것이다.)

어쩔 수 없이 운영돼야 하는 것이라면 본인이 그 일을 맡아 적극적으로 해보는 것도 좋다. 시설관리병의 경우 일반병과 다른 새로운 종류의 어려움이 있으므로 대신 훈련 열외라든가 야간 근무 면제 같은 혜택을 누릴 수 있다. 보일러병의 경우 열관리기사 등 해당 시설과 관련된 자격증이 있으면 유리하겠지만, 없으면 절대 못 하는 것은 아니다. 그보다는 책임감, 꼼꼼함과 세심함, 원만한 대인관계 등을 어필하는 것이 더 중요하다.

통신병

통신병 역시 대규모 부대(통신중대 이상의 전문 제대가 있는 연대급 이상의 부대)에서는 별도의 주특기 교육을 받은 인원들만으로 통신부대를 운영하지만, 연대급 이하의 부대, 때로는 연대급 이상의 부대에서도 필요에 따라 주특기를 통신으로 받지 않은 병사들 중에서 필요한 인력을 선발하여 별도 교육을 통해 통신병으로 전환 활용하고 있다.

통신병은 그저 무전기만 다루는 것이 아니라, 무전을 포함해 PC 등 부대 내 전기전자기기의 유지·보수는 물론, 통신대를 관리하여 군 내부 및 군 외부와의 통신 교환대 역할도 하고 있다. CEOI, 약호 및 암호 자재 같은 보안 통신 자재 등을 관리하며, 통신 보안 점검 활동까지 겸하는 등 생각보다 엄청나게 많은 역할을 담당하게 된다.

전기, 전자, 전파 등 관련된 학과 전공자이면 그를 어필하는 것이 좋고, 전기(설비)기사 등의 전기 관련 자격증이나 전산 관련 자격증이 있으면 유리하다.

기타 장병 복지 관련 병사

군은 전투력 증강 및 유지 관리를 위해 장병들의 사기를 진작시킬 수 있는 다양한 복지 혜택 등을 제공하고 있는데, 그와 관련된 일들을 전담하는 보직도 노려볼 만하다.

그 대표적인 것이 과거에는 PX^{Post Exchange}라 불렸고 그 뒤로는 잠시 충성클럽이라고 불렸다가, 현재는 부대 이름을 따라 OO마트로 불리는 영내 매점 관리 및 판매를 담당하는 PX관리병이다. 평상시에는 진열대 관리, 창고 정리, 장부 기재 등의 일을 하다가 휴식 시간이나 일과 후 자유 시간이 되면 장병들을 대상으로 물품 판매를 하는 것이 주된 임무다.

각기 사정이 다르기는 하지만, 대체적으로 일이 고되지 않고 춥거나 더운 계절에 힘든 영외 활동을 하지 않는다는 장점이 있다. 대신에 다른 동료들이 다 쉴 때 일을 해야 하고 대부분 1인 단독 근무라서 외롭다는 단점이 있다. 그럼에도 불구하고 판매 유통 실무를 경험해보고 싶다거나, 영외 활동보다는 영내 활동이 적성에 맞을 경우 기원해보면 좋다.

이외에도 종교 활동 지원을 담당하는 군종병 역시 대표적인 복지 업무 관련 보직이다. 대부분 신학대학, 승가대학 출신 혹은 모태신앙으로 해당 종교 내부

사정에 밝은 인원들이 전문특기병으로 사전에 선발이
되어서 소정의 훈련을 받은 후 배치가 되고 일부 부대
에서는 자체에서 선발해서 운영하기도 한다. 군부대 특
성상 반주자를 구하기 어려운 경우가 많아 한두 개 이
상의 악기를 연주할 수 있으면 선발에 큰 가산점을 받
을 수 있다.

17

꿀보직의
주인이
되는 법

한때 우리 군에는 '땡보직'이라는 말이 유행했었다. 대
부분의 은어나 비속어기 그러하듯, 이 단어 역시 언제
부터 쓰이기 시작했는지, 누가 만들었는지, 어떤 단어
의 조합으로 만들어졌는지가 불분명하다. 주위 분들께
여쭤보니 1980~1990년대 무렵에 군 생활을 하신 분

들도 기억하고 있는 단어인 걸 보니 꽤 오래전부터 쓰인 단어인 것만큼은 틀림 없는 듯하다.

그 어원에 대해서는 의견이 다소 분분했다. 어떤 분들은 '만고 땡!', 즉 '모든(만 가지) 고통이 끝(땡)'난 보직이라는 뜻에서 땡보직이라는 단어가 생겨났다고 강력히 주장했다. 반면 '일 안 하고 땡땡이칠 수 있는 보직'이라는 뜻에서 땡보직이라는 단어가 생겨났다고 말씀하는 분들도 있다. 편하고 쉽게 일할 수 있어서 '땡잡은 보직'이라는 뜻으로 땡보직이라는 단어를 쓰기 시작했다는 의견도 있다.

그 유래가 조금씩 다르기는 하지만, 어찌되었든 남들보다 적은 노력을 해서 남들과 같거나 그 이상의 대접을 받을 수 있는 보직이라는 것이다. 그런데 2000년대 이후부터는 그러한 보직을 지칭하는 단어가 조금 바뀌었다. '꿀보직'이라는 단어가 '땡보직'이라는 단어가 차지했던 자리를 밀어내고 군장병들 사이에서 훨씬 더 흔히 쓰이고 있다. 꿀보직은 땡보직에 비해 그 어원이 훨씬 더 분명하고 확실하다. '얼마나 편했으면 달콤한 꿀을 먹는 것처럼 편할까?' 하는 의미에서 '꿀 빠는 보직'이라는 뜻으로 꿀보직이라는 단어가 생겨났다고 한다.

땡보직이건 꿀보직이건 최소한의 노력으로 최대한의 성과를 내고 인정을 받을 수 있다는 측면에서 군인이라면 누구나 가고 싶어 하는 자리인 것만큼은 틀림이 없다. 그렇다면 우리가 갈 수 있는 최고의 땡보직 또는 꿀보직은 어디일까?

잠깐 다른 이야기를 하자면, 김태호 PD가 맡기 전 「무한도전」이라는 프로그램은 일명 'PD의 무덤'으로 불리는 자리였다. 매주 아이템을 발굴하려면 머리를 쥐어짜야 했고, 편집을 하려면 몇 날 며칠을 새어야 하는 고된 프로그램이었다. 그러나 그가 맡고 나서 그 자리는 일명 '제8의 멤버' '최고의 프로그램을 만드는 최고의 PD' 'MBC 최후의 보루' '김태호 사단' 등의 별칭이 붙는 각광받는 자리로 변했다.

그는 고정관념에 사로잡히지 않고 기존에 보지 못했던 다양한 시도를 선보였다. 어찌 보면 조금은 어설프고, '도대체 저게 뭐 하는 짓이지?'라는 생각이 들게 만드는 한심한 시도들도 있었지만, 그 나름대로의 참신함과 묘한 중독성 있는 유머와 감동으로 시청자들을 TV 앞으로 불러들였다.

다시 군대에서의 보직 이야기로 돌아가자.

누군가 말했다.

우리가 어떤 일을 하게 될지는 우리 마음대로 정할 수 없지만, 우리가 '그 일'을 어떻게 할지는 우리 마음대로 정할 수 있다.

그렇다. 많은 이들이 애타게 찾는 땡보직, 즉 일이 별로 없거나, 실제로 들이는 품에 비해 각광을 받아 상급자로부터 칭찬이나 포상을 많이 받아 외출, 외박, 휴가를 자유롭게 나갈 수 있는 보직이 무엇인지는 정확히 말하기 어렵다.

어떤 사람은 후방 향도부대 소총수가 가장 땡보직이라고 하고, 또 어떤 이는 차라리 최전방 경계부대가 훈련도 없고 근무만 서면 돼서 진정한 땡보직이라고 말하기도 한다. 어떤 이들은 특기병으로 국방부나 각 군본부 등의 최상급 단위 부대·기관에 배속받아서 고위 장교들과 사무실에서 내근을 하는 것이 꿀보직이라 하고, 어떤 사람들은 간부 한두 명에 병들만 많은 격오지 소대 같은 곳에서 반복 작업이나 하고 정해진 훈련이나 받는 게 꿀보직이라고 한다.

그럴 때면 김태호 PD의 사례와 함께 다시 한 번 이런 얘기를 들려주고 싶다.

"꿀보직을 받을지 못 받을지는 우리 마음대로 정할 수 없지만, 내가 부여받은 보직을 꿀보직으로 만들지 헬보직으로 만들지는 내가 정할 수 있다"라고.

불교에서는 '수처작주'라는 말이 있다. '머무는 곳의 주인이 되어라'라는 말이다. 그랬을 때 비로소 모든 일이 순리에 따라 풀린다는 뜻이 담겨 있다.

군 입대 역시 마찬가지일 듯싶다. 치열하게 탐색하고 치밀하게 준비해서 내 특기와 적성, 앞으로 원하는 삶의 방향에 걸맞은 군, 부대, 특기, 보직 등을 찾되, 그런 과정을 통해 어떠한 곳에 배치받아 어떠한 임무를 부여받든지 내가 그 일의 주인이 되겠다는 심정으로 삶에 최선을 다하나보면 내 부대가 최고의 부대요, 내 보직이 최고의 꿀보직이 되지 않을까 생각한다.

3

군대에서
인생을 바꾼 사람들

3장

Every man I meet is in some way
my superior; and in that I can
learn of him.

내가 만나는 사람은 누구나
그 어떤 점에서 나보다 더 낫다.
그런 점에서 나는 그에게서 배운다.

미국의 시인이자 사상가 랠프 월도 에머슨

18

스승은
군대 안에도
있다

동양과 서양은 많은 차이점이 있지만 그 속을 자세히
들여다보면 동양 사람이건 서양 사람이건 생각하는 바
는 매한가지라는 것을 발견하곤 한다. 격언 역시 마찬
가지이다. 책을 읽다보면 수천 년 전 중국 대륙에 살았
던 지식인과 근대 미국 대륙에 살았던 지식인이 남긴

격언이 놀라울 정도로 닮았음을 발견한다.

미국에서 학교를 다니며 감명받았던 시의 상당수를 지은 랠프 월도 에머슨Ralph Waldo Emerson은 내가 가장 좋아하는 시인이자 위대한 사상가 중 한 명이다. 그가 했던 여러 가지 명언 중에서 나는 이 말에 무척이나 감명을 받았다.

Every man I meet is in some way my superior; and in that I can learn of him.
내가 만나는 사람은 누구나 그 어떤 점에서 나보다 더 낫다. 그런 점에서 나는 그에게서 배운다.

흔히 우리는 사회적으로 높은 지위에 올라서거나, 경제적으로 엄청난 부를 축적하거나, 전쟁에서 지대한 공을 세우거나, 학문적으로 대단한 업적을 남긴 이들만이 누군가의 본보기가 되고 교훈이나 가르침을 줄 수 있을 거라고 생각을 한다. 그러나 시대를 대표하는 시인이자 사상가였던 에머슨조차도 자신이 만나는 모든 사람이 어떤 면에서는 자신보다 낫고 그러므로 그에게서 기꺼이 배울 점을 찾아야 한다고 강조했다.

하물며 우리 같은 사람들이야…. 그런데 동양 고전을 읽다보면 이와 똑같은 이야기가 있음을 발견하고 흠칫 놀라게 된다.

세계 4대 성인 중 한 명으로 꼽히는 공자의 말씀을 기록해놓은 『논어論語』'술이述而'편에 보면 이런 얘기가 나온다.

子曰, 三人行必有我師焉 擇其善者而從之 其不善者而改之
자왈, 삼인행필유아사언 택기선자이종지 기불선자이개지

우리말로 풀어보자면 이렇다. "공자께서 말씀하셨다. 세 사람이 길을 가면 거기에는 반드시 내 스승이 있다. 그들의 선한 점을 골라서 그것에 따르고, 그들의 선하지 않은 점을 골라서 내 자신을 바로잡아야 한다."

지금으로부터 2,500여 년 전 중국에 살았던 사상가의 이야기와 불과 100여 년 전 미국에서 활동한 시인의 이야기가 놀랍도록 닮아 있다. 즉, 동서양 고금을 막론하고 배우고자 하는 열린 마음만 갖고 있다면 나 아닌 다른 누구에게서라도 배울 점을 찾을 수 있다는 것은 거의 진리에 가까운 상식이라는 것이다.

군대란 전국 각 지방에서 온 사람들이 모여 있는 곳이다보니 서울과 미국에서 잠깐 유학 생활을 했던 나에겐 그들의 이야기가 낯설기만 했다. 각 지방에 유명한 것들에 대해 듣고 이색적인 경험을 한 친구들과 대화를 나누며 세상을 보는 눈이 조금 더 넓어졌고, 인간은 환경에 따라 가치관이 다르게 형성된다는 것을 깨달았다.

군대가 아니면 이처럼 허물없이 지낼 수 있는 사람들을 만날 수 있을까 싶었다. 상대방이 물질적으로 여유가 있든 없든, 학벌이 좋든 안 좋든 군대 안에서만큼은 모두 다 평등했다

이등병으로 부대에 전입했을 때 선임들이 나에게 해준 말들을 다 받아 적었다. 훈련이 끝나고 해준 격려의 말부터 시작해서 짧게 오고 간 대화 중 기억에 남는 말들은 무조건 적었다. 그리고 후임이 들어왔을 때는

내가 선임에게서 감명받았던 말과 행동을 나만의 방식으로 소화해 후임에게 그대로 했다.

후임이라도 나보다 나이가 많거나 같을 수도 있는데 단지 나보다 몇 개월 입대가 늦었다고 해서 무시하듯 대하면 안 된다고 생각했기에 항상 선임으로서 좋은 면을 보여주도록 노력했고, 그로 인해 후임들과 좋은 관계를 유지할 수 있었다.

19

군 생활의
조언자를
찾아서

내 또래의 많은 젊은이들이 입대를 앞두면, 불안감에
자신보다 먼저 군 생활을 경험한 친척 형님이나 학교
또는 사회 선배들을 찾아가서 조언을 구하는 경우가
많다. 물론 이제 성인이 되었으니, 게다가 앞으로 2년
정도는 만나기 어려울 수도 있으니 조언을 듣는 가운

데 술 한잔이 곁들여지는 경우가 많다.

물론 그러한 자리도 나름 의미가 있지만 자리를 핑계로 입대 전 빈번히 술자리를 갖는다거나 폭음이라도 하게 된다면…, 정작 입대할 때는 최악의 컨디션으로 훈련소로 들어가는 일이 벌어진다는 것이다.

한때 8컷짜리 만화 한 편이 유행했던 적이 있다. 그 내용은 다음과 같다. 한 백수 청년이 현실이 너무 괴롭다보니 날마다 술에 취해 살았다. 그런데 문제는 다음 날 아침에 일어나보면 수첩에 무언가 인생에 큰 의미가 있을 것 같아 보이는 글이 적혀 있는데, 원체 만취한 상태에서 술김에 적어놓은 글씨라 해독이 불가했다. 아쉬움에 하루를 보내고 저녁이 되면 다시 습관처럼 술을 마시고, 그 다음 날이면 어김없이 수첩에 그 글귀가 적혀 있는 일이 반복됐다.

궁금증이 병이 될 지경에 이르자 그는 질친한 친구에게 술에 취해 자취방으로 들어온 자신의 모습을 휴대전화로 촬영해달라고 부탁했다. 친구의 휴대전화 속 만취한 청년은 입으로 펜을 물고 수첩에 글씨를 적으며 중얼거리기 시작했다. 아무래도 글씨를 쓰며 따라 읽는 듯했다. 매일 밤 술에 취한 그가 중얼거리며 수첩에 적어 넣은 글씨는 다름 아닌 '술에 취하니 아무 일도 할 수 없다' '내일부터는 술을 끊어야지'였다.

술은 잠깐 우리의 기분을 좋게 만들어줄 뿐이지 우리가 당장 해결해야 할 문제들의 본질적인 해답을 주지 못한다. 아니 오히려 술이 지나치면 그러한 해답을 찾는 과정에 방해가 될 뿐이다.

군대에 가기 전, 군 생활에 대한 조언을 구한답시고 스승 삼아 만나게 되는 이들과 술 한잔을 걸치며 수많은 이야기를 나누게 되지만, 그런 이야기들은 대부분 앞서 말한 8컷짜리 만화 주인공의 수첩에 적힌 글씨처럼, 다음 날이면 대부분 해독되지 못한 채 잊힌 낙서가 되어버리는 것이 일반적이다.

군대에 대해 확실하게 알고 좀 더 보람찬 군 생활 계획을 세우기로 한 이상, 나보다 조금이라도 민지 입대해서 자신만의 계획에 따라 스스로를 발전시켜 멋진 군 생활을 하고 나아가 전역 이후의 삶도 성공적으로 영위한 '군대의 스승'들을 찾아보기로 했다.

What makes the engine go?
Desire, desire, desire.

삶의 원동력은 무엇일까?
욕망, 욕망, 욕망이다.

― 미국의 언론인이자 계관시인 스탠리 쿠니츠

20

군대에서
적성을
발견한 사람

영화제작자를 아버지로 둔 한 소년이 있었다. 초등학교에 들어가기 전까지만 하더라도 그런대로 윤택한 삶을 살다가 초등학교 1학년 무렵 무리하게 제작비를 댄 영화 다섯 편이 모두 흥행에 실패하면서 집안이 급격히 기울기 시작했다고 한다. 엄청난 빚을 지게 된 아버지는 가족과 연락을 끊고 잠적을 해버렸고, 소년은 어머니와 함께 외갓집에서 더부살이를 해야 했다.

중학교까지는 외갓집에서 학비를 대주었지만, 고등학교 진학은 언감생심이었다. 소년은 갈아입을 옷 몇 벌만 챙겨서 가출을 했다. 가출 후 2년 동안 소년은 그야말로 '거리의 삶'을 전전했다. 구두닦이, 약장수 보조, 여관 종업원 일은 그나마 양반이었다. 돈이 떨어지면 뱀탕 집에서 일을 하기도 했고, 백화점 앞에서 노점을 하다가 경비들에게 몰매를 맞고 빈손으로 쫓겨나는 일도 다반사였다. 고되게 몸을 굴려 입에 풀칠은 할 수 있었지만, '미래에 대한 희망'이라는 짧은 문구조차 현실성 없는 사치로 여겨질 만큼 암담한 날들이 계속되었다.

그가 마지막으로 택한 직업은 당시로서는 고수입 인기 직종이었던 운전수였다. 화물차 기사로 일하던 작은형을 도와 처음에는 조수석에 함께 타고 다니며 짐을 싣고 내리거나 사소한 수리를 돕는 등 기사 보조로 일을 배웠다. 그러다 만 18세가 되던 해에 면허를 취득하고 본격적으로 운전수의 길로 나설 무렵, 그만 어이 없는 사고를 당하고 말았다.

삶의 희망을 잃고 낙담과 미래에 대한 불안감 속에 살아가던 그의 눈에 띈 것은 군대였다. 집도 절도 없었던 그였기에 재워주고 먹여주는 군대는 최후의 선택이자 최고의 선택이었다. 그가 택한 것은 훈련을 마친 뒤 임용되면 최소 3년이라는 복무 기간이 보장되고 일반 사병보다 높은 급여를 받을 수 있던 기술 하사(현재는 기술행정 부사관)였다. 그렇게 그는 소정의 훈련을 받고 육군 하사로 임용되었다. 1971년 임용이 된 후 그는 한때 맹호부대에 배속되어 베트남전에 참전하기도 했었다.

이후 국내로 복귀하여 경기도 안양에 있던 수도방위사령부 공병단 통신대대 선임하사로 근무하고 있을 때였다. 공병단장이 급하게 그를 찾았다. 그러더니 "취사반장을 맡아보지 않겠냐?"고 묻는 것이었다. 말이 '질문'이지 군대 특성상 '지시'였다.

당시만 하더라도 군대는 물론 대부분의 국민이 삼시 세 끼 끼니를 걱정해야 할 만큼 다 같이 가난했던 시기였던지라, 군인들이 부대에서 먹는 세 끼 밥에 맛이

나 영양을 따지는 것은 헛소리 취급을 받을 정도였다. 게다가 일부 양심 없는 간부들이 부식 재료 등을 빼돌려 자신들의 배를 채우는 일도 종종 있었던 시기라, 군부대에서 제공되는 밥은 일명 '짬밥'이라 하여 허기를 채우기 위해 대충 배 속에 욱여넣는 것 그 이상도 이하도 아니라는 취급을 받아왔었다. 그렇다 보니 '취사반장'은 제대로 인정은 받지 못하면서 힘은 힘대로 들고 온갖 불평불만에 싫은 소리만 들어야 하는 골치 아픈 자리여서 간부들이 서로 맡지 않으려고 했다.

그러나 그는 달랐다. 타의에 의해서 맡게 된 자리였지만, 이왕 취사반을 이끌게 된 이상 자신의 이름에 부끄럽지 않은 음식을 만들어 병사들에게 먹이고 싶었다. 비록 재료는 민간 식당에 비해 부실하고 조리를 맡은 취사병들의 조리 솜씨 역시 일반 요리사들에 비해서는 턱없이 부족했지만, 여건 내에서 최대한 맛과 영양 모두를 갖춘 제대로 된 한 끼 식사를 사병들에게 제공하기 위해 노력했다. 어머니의 손맛을 최대한 살려내려고 했고, 조리 방법을 모르는 재료가 있으면 새벽에 홀로 취사장에 나와 이렇게 궁리해보고 저렇게 궁리해

보며 최선의 맛을 찾기 위해 노력했다.

그런 그의 노력 덕분에 그가 맡은 공병단 사병 식당의 밥맛이 좋다는 소문이 전 사령부 내에 퍼지게 되었다. 심지어 더 좋은 시설과 재료로 갖춘 간부 식당 대신 일부러 사병 식당에 찾아와 식사를 하는 간부들도 있었다. 사정이 이렇다 보니 공병단장은 그에게 간부 식당의 관리까지 맡겨버렸고, 간부 식당 역시 사령부는 물론 육군 전체 내에서도 맛으로는 경쟁할 상대가 없는 최고의 군부대 식당의 반열에 올라서게 되었다.

그렇게 최고의 취사반장으로 명성을 날린 그는 육군 상사로 전역 후 몇 가지 준비 과정을 거쳐 1987년 청계천 8가에 보쌈 전문점을 열었다. 전역을 하고 나서도 취사반장을 하던 시기에 철칙으로 세웠던 세 가지-좋은 재료, 지극한 정성, 잘 훈련된 조리 기술-를 잊지 않고 자신의 식당에도 접목시켰다. 덕분에 초창기 몇 년간의 어려움을 제외하고는 줄곧 승승장구하여 대형 식품업체로까지 성장할 수 있었다.

중학교만 마치고 가출했던 소년, 스무 살에 떠밀리듯 먹고 살기 위해 입대를 해야 했던 소년, 그러나 부대 내에서 우연히 맡게 된 취사반장으로서 임무에 최선을 다하면서 요리와 식당 운영에 대한 노하우를 배워, 전역 후에도 이를 자신의 업으로 삼은 소년. 그의 이름은 오진권이다.

우리에게는 놀부보쌈, 놀부부대찌개 등 유수의 프랜차이즈업체를 창업한 주인공이자, 현재도 사월에보리밥, 마리스꼬 등 수십 개의 음식점을 운영하는 (주)이야기있는외식공간의 대표이사가 바로 이 이야기의 주인공이다.

21

접수할 수
없는 것은
없다

오진권 상사 아니 오진권 회장과 비슷하게 군대에서 자신의 적성을 찾고, 미래 준비까지 한 이는 또 있다. 대학 졸업 후 학사장교로 임관해서 모 부대 포병장교로 복무하는 육군 중위가 있었다. 유들유들하면서도 친화력 넘치는 성격 덕에 부대 내에서 두루 인정을 받으며 만족스러운 군 생활을 하고 있었지만, 한 가지 불만이 있다면 세끼 식사였다.

그의 집안은 충남 예산에서도 손에 꼽히는 명문가였다. 할아버지는 예산 경찰서장에 학교 재단을 만들어 초대 이사장까지 지낸 분이었고, 아버지 역시 충청남도 교육감을 지냈던 터라 그의 집에는 평일, 주말, 명절 등을 가리지 않고 늘 손님이 북적댔다. 그런 손님들을 맞아 끼니 때는 식사를 대접하고 그 외의 시간에는 다과상이나 주안상을 만드는 일은 어머니의 몫이었다. 그의 어머니는 큰살림을 도맡아 하는 안주인답게 야무지고 손맛 좋기로 유명했다.

그런 집에서 나고 자라난 덕분에 그의 입맛 역시 다른 군대 동기들과는 차원이 달랐다. 어린 시절 집에서 찐 계란 하나를 먹을 때도 흰자 부분은 소금에 찍어 먹고 노른자 부분은 간장에 고춧가루, 쪽파 등 갖은 재료를 다져 넣어 만든 양념장을 얹어서 먹었다.

입맛이 그렇게 길들여졌으니 일반 취사병들이 만든 음식이 성에 찰 리가 없었다. 그나마 본인은 장교니까 퇴근 이후 입맛에 맞는 식당을 찾아다닐 수 있었지만, 나오는 대로 먹을 수밖에 없는 병사들이나 영내에서 숙식을 해결하는 초급 간부들의 사정이 안타까웠다.

보다 못한 그가 선임하사가 맡고 있던 취사반장을 자신이 맡겠다고 자청했다. 그 말에 선배 장교들은 "장교 체면 깎아먹는다" "장교가 맡아야 할 보직은 안 맡고 취사반장이 뭐냐?"며 그를 나무랐지만, 그의 뜻은 변함이 없었다.

'병사, 간부들이 어떤 음식을 먹느냐에 따라 건강 상태와 기분이 달라지고, 이는 곧 부대 전반의 사기와 직결된다. 장교가 맡아도 되는 일, 안 되는 일이 어디 있는가? 부대의 사기를 올리고 전투력을 높일 수만 있다면 취사반장이 아니라, 보초라도 설 수 있는 것 아닌가?'

이것이 그의 생각이었다.

논란을 뒤로 하고 그는 육군 창설 이래 최초로 부대 취사장교(?)가 되었다. 사실 그는 불과 대학 1학년 때 주변의 도움을 받아 잠시 아르바이트를 하던 호프집을 인수해서 운영해본 경험이 있다. 그때 홀과 주방을 넘나들며 안주를 만들고 손님을 맞이했던 그였기에 군부대 식당 운영쯤은 문제가 없었다. 게다가 그에게는 어린 시절부터 몸으로 익힌 거의 천부적이다시피 한 미각이 있었다.

식당 운영을 맡은 그는 획기적인 변화를 시도했다. 규정에 어긋나지 않는 범위 내에서 기존의 조리 방법과 양념 배합 비율을 탈피하여 먹는 이들의 입맛을 고려한 새로운 조리 방법을 시도했다.

간부 식당 운영을 할 때 역시 마찬가지였다. 시장에 나가 싼값에 뚝배기를 대량으로 사서 찌개를 퍼줄 때 개인별로 뚝배기에 별도로 떠서 배식했다. 사소한 것일 수도 있었지만, 그간 대량으로 만들어 제공되는 단체식에만 익숙했던 이들은 이런 세심한 배려에 열광했다.

결국 그가 맡은 부대 식당에 대한 소문은 상급 부대에까지 알려졌고, 식당을 방문한 사령관은 그의 노고를 치하하며 "다른 부대 식당도 이 부대 식당을 벤치마킹해서 개선토록 하라"는 지시를 내렸다.

그는 제대 후 몇몇 직업을 거쳐 다시금 자신의 적성에 맞는 식당업에 뛰어들었는데, 이미 수백 명의 사람들에게 입맛에 맞는 음식을 삼시 세 끼 대접한 경험이 있는 그에게 많아 봐야 100여 명 정도 맞이하면 되는 식당업은 충분히 해볼 만한 일이었다. 더군다나 그는 수많은 간부와 병사들을 통솔해본 경험도 있었다. 주방과 홀, 카운터를 맡은 직원들 한 명 한 명을 살뜰하게 챙기고 보살폈다.

덕분에 그의 식당은 개업한 지 몇 주 안에 인근 지역에 맛집으로 소문이 났고, 그 여세를 몰아 다양한 종류의 식당을 추가로 더 개업함과 동시에 기존에 인기를 끌던 식당들은 여러 지역에 분점을 내는 방식으로 사업을 확장해갔다.

자신이 갖고 있던 재능과 경험을 군에서 한층 더 강화시켜, 그를 통해 다시금 사회에 나와 관련 분야에서 큰 성공을 이룬 장교, 그는 백종원이다.

음식점 사업은 물론, 자신의 브랜드를 내건 각종 프랜차이즈 사업과 요리, 음식점과 관련한 수많은 방송에 출연하며 시대의 아이콘과도 같은 인기를 끌고 있는 백종원. 그가 바로 그 육군 창설 이래 최초의 취사장교였다.

알고 보면 군 생활을 통해 자신을 개발하여 새로
운 세계로 나아가는 발판으로 삼은 사람들은 굉장히
많다. 오진권 씨와 백종원 씨가 요식업계에서 발견한
사례라면 엔터테인먼트계에서도 비슷한 사례를 찾아
볼 수가 있다.

22

어디서든
유용한
군대 리더십

2012년 크리스마스 무렵에 개봉돼 3억 1,551만 달러라는 엄청난 흥행 수입을 거둬들인 「레미제라블Les Miserable」이라는 영화가 있다. 영화를 본 사람이라면 다들 알겠지만, 이 영화는 158분에 달하는 영화 상영 시간 내내 단 한 마디의 대사 없이 노래와 음악을 통해서만 내용을 풀어나가는 뮤지컬 영화이다.

세계적으로는 인기를 끄는 장르이지만 유독 우리나라에서만 이 뮤지컬 영화라는 장르가 크게 인기를 끌지 못하고 있던 실정이었다. 그런 가운데 과감하게 이 장르에 뛰어들어 '한국형 뮤지컬 영화'라는 새로운 영역을 열고 있는 이가 있다. 벌써 10여 편이 넘는 영화의 연출, 각본을 맡거나 주연으로 활동했고 지금 이 시간에도 어디선가 또 한 편의 뮤지컬 영화를 제작하고 있을 홍충기 감독이 바로 그 주인공이다.

홍 감독은 15살 때부터 영화를 구상하고 서툴게나마 제작을 해왔다고 한다. 그러다 그가 본격적으로 프로 영화감독 겸 제작자로 자리 잡게 된 것은 조금은 엉뚱하게도 군대에서 얻은 경험 덕분이라고 한다. 여기까지 들은 나는 그가 아마도 국방홍보원 산하의 국군방송에서 근무했거나, 정훈병과 주특기 교육을 받고 부대 정훈병으로 복무했을 거라고 생각했다. 그러나 엉뚱하게도 그가 배속받은 곳은 51사단 공병대대 배관병이었다.

공병부대에 근무하는 공병은 크게 두 가지 주특

기로 구분이 된다. 하나는 폭파병, 지뢰병, 야전공병, 도하병, 교량병 등 전쟁 혹은 전투 지원 업무에 특화된 새퍼Sapper라 불리는 전투공병이고, 또 하나는 목공병, 토목병, 보일러병, 환경관리병 그리고 홍 감독과 같은 배관병 등 전반적인 부대 시설 및 환경을 관리하는 엔지니어라 불리는 시설공병이다.

폭파나 지뢰 매설 등의 기술은 일반 민간 사회에서 배울 일이 거의 없으므로, 대부분의 전투공병은 부대에 입대한 뒤 별도의 교육을 통해 배치가 결정된다. 반면에 목공이나 배관 등의 기술은 이미 사회에서 기술을 숙련할 기회가 많기 때문에 대부분 공고나 공대에서 관련 기술을 배웠던 이들이나 입대 전부터 관련 업계에서 일해왔던 이들 중에서 차출되는 경우가 대부분이다.

부대에서 부서지거나 고장 난 시설물들을 고치고, 낡은 막사나 창고 등을 다시 짓는 일을 도맡아 하는 영선반 계원으로 배속된 그는 공사 신청을 받고, 예산서를 작성해 올리고, 예산이 배정돼 진행하게 된 공사들의 내역서를 작성하고 관련 서류들을 취합해서 관리하는 것이 주된 업무였다.

여기까지만 보면 2년여의 군 생활이 '대한민국 최초의 뮤지컬 영화감독'이라는 그의 현재 모습에 어떠한 영향을 미쳤는지 선뜻 잘 이해가 가지 않는다. 그러나 그는 분명히 공병대대 배관병으로서 근무한 2년의 시간이 현재 그가 살고 있는 인생에 매우 커다란 도움이 되었다고 말하고 있다.

"이전에는 사용해보지 않았던 엑셀이나 한글프로그램을 활용해서 공사내역서를 작성하고 예산에 잡힌 숫자들이 제대로 잡혔는지, 낭비되거나 누수가 있는 비용은 없는지를 검토하는 게 일이었죠."

그런 업무를 지속하면서 공사 일정을 잡고, 예산 집행을 효율적으로 하는 훈련을 절로 하게 되었는데, 이것이 이후 영화를 제작하며 스케줄을 작성하고 제작비를 관리하는 데 큰 도움이 되었다고 한다.

그뿐만이 아니었다.

경험해본 사람은 공감하겠지만, 영화를 촬영하는 현장은 총성만 들리지 않을 뿐이지 가히 '전쟁터'라고 불러도 무방할 정도로 온갖 돌발 상황과 예기치 못한 사고가 벌어지는 살벌한 현장이다. 그런 현장에서 상황을 장악하고 갑작스레 발생하는 문제들을 해결해나가기 위해서는 감독의 리더십이 매우 중요하다. 홍 감독은 그러한 리더십 역시 부대 영선반 생활에서 많은 도움을 받았다고 한다.

입대 후 얼마간의 시간이 흘러 진급도 하고 영선반 내에서 고참이 된 뒤 그의 일과는 고장이 난 시설물의 공문들을 접수한 뒤 업무의 시급성을 고려해 업무를 분배해주고, 계원들이 현장에 나간 시간 동안에는 공사내역서를 작성한 뒤, 오후에는 공사가 끝난 현장들을 점검하여 준공내역서를 작성하는 일들을 담당했다.

그런데 사회에 나와보니 그가 군대에서 한 일이 우리가 '리더십'이라고 말하는 것들을 이루는 주요한 요소였고, 알게 모르게 2년 동안 그러한 리더십에 대한 훈련을 받았다는 것을 알게 되었다는 것이다.

이외에도 일과 시간 이후 휴식 시간이나 주말 개인 정비 시간을 이용하여, 작업 또는 훈련 시 떠오른 악상이나 시나리오 아이디어 등을 꼼꼼하게 기록해나가기 시작했다. 의외로 약간은 고립된 군대에서 작성했던 기록들이 외부에 영향을 받기 쉬운 사회에서의 그것보다 훨씬 더 유용하게 써먹은 것들이 많았다고 한다. 덕분에 2년간의 군 생활이 영화 현장에서 소외되었던 시간이 아니라 더 좋은 작품을 제작하기 위해 필요한 에너지와 자원을 끌어모을 수 있는 귀한 시간이었다고 한다.

그는 지금도 군 입대를 앞두고 있는 후배나 지인들에게 이런 말을 해주곤 한다.

"눈앞에 보이는 것들만 이야기하는 사람들의 말에 휘둘러서는 군대 내에서 아무것도 하지 못합니다. 군 복무 기간이라는 것이 그저 얼른 해치워야 할 시간 낭비로만 느껴질 것입니다. 그러나 2년의 시간을 자신만의 계획을 세워 주도적으로 사용한다면 그 시간은 인생의 다른 어느 2년과 비교할 수 없는 엄청난 시간이 될 것입니다."

홍 감독이 훈련병 때 받은 '소나기'라 이름 붙인 수양록에는 이런 말이 쓰여 있다.

힘들 때 울면 삼류다. 힘들 때 참으면 이류다. 힘

들 때 웃으면 일류다.

실제로 홍 감독은 군 복무 기간에 뚜렷한 목표 의식을 갖고 임했고, 그런 목표 의식 덕분에 남들은 귀찮거나 힘들다고 여기는, 혹은 '군인이니까 할 수 없지'라는 생각에 겨우 참고 버티는 일들을 기꺼이 해낼 수 있었다. 그렇게 웃으며 군 복무를 마친 그는 이제 일류가 되어 '대한민국을 넘어 세계 무대에 도전하는 최고의 뮤지컬 영화감독'이라는 원대한 목표에 도전하고 있다.

Risk! Risk anything!
Care no more for the opinions of
others, for those voices.

무릅써라! 모든 것을 무릅써라!
다른 이들의 말,
그들의 목소리는 신경 쓰지 마라.

— 영국의 여류 소설가 캐서린 맨스필드

23

군대 시계를
빨리
돌리는 법

ㄱ러면 ♀진권 회장, 백종원 이사장, 홍충기 감독 같은
유명한 사람만 있을까? 그건 아닌 것 같다. 이런 유명
한 사람들 말고 내 가까운 사람들 중에서도 군 생활을
통해 인생을 바꾼 사람들을 얼마든지 만나볼 수 있었
다. 현재 모 자동차회사 딜러로 근무하고 있는 유기혁

(34세, 가명) 대리가 바로 그에 해당하는 사례다.

충북 충주 출신의 유 대리는 입대 전까지 외할머니와 단둘이 살았다. 포크레인 기사였던 아버지는 유 대리가 6살 무렵, 서해 모 간척지 공사 현장에서 일하다 포크레인 전도 사고로 목숨을 잃고 말았다. 과부가 된 딸을 애달파하던 외할머니는 손자를 자신이 맡아 기르기로 하고 딸은 다른 집으로 재혼을 시켜버렸다.

어린 나이에 졸지에 부모를 잃고 외할머니 손에서 자라게 된 유 대리는 사춘기를 무난히 넘기지 못했다. 불량한 선후배들과 어울리며 방황하다 고등학교 1학년을 마칠 무렵 가출을 했고 정규 학력은 고등학교 중퇴로 남게 되었다.

이후 충주 시내 주류도매상에 취직하여 주류를 납품하는 트럭 조수로 일하다가 신체검사 후 상근예비역으로 입대하게 되었다. 상근예비역도 여러 가지 종류가 있다. 그와 같은 경우에는 군부대 상근예비역이라고 하여, 군 생활의 전반부 1년은 전방 부대에서 현역처럼 생활하고 이후 1년간은 집 근처에 있는 향토방위부대에 소속되어 출퇴근을 하며 생활하다가 전역을 하는 형태였다.

처음 1년간 전방 6사단에서 유탄발사기 사수로 복무하다 고향 충주로 내려와 가주라는 동네에 있는 모 대대에서 남은 1년을 생활하게 되었다. 별 생각 없이 전역 날짜만 기다리며 생활해왔던 그였기에, 남은 1년 역시 그와 같이 생활할 생각이었다. 전방 부대에서 생활하며 힘든 훈련도 아무 내색 없이 해내고, 내무반(요즘의 생활관) 생활 역시 열외 없이 다 해냈음에도 불구하고 1년 후엔 출퇴근하는 상근예비역으로 갈 사람이라는 이유만으로 묘한 따돌림을 당해온 그였다. 그래서 남은 1년은 편안하고 여유롭게 보낼 거라는 다짐 아닌 다짐을 한 상태였다.

그랬던 그의 생각이 뒤바뀐 것은 부대 내 유일한 소위였던 6중대 소대장을 만나게 되면서부터였다. 대학교를 미치고 학사장교로 입대했다는 소대장은 면담을 하자며 그를 부르더니 다짜고짜 "꿈이 뭐냐"고 물어보았다. 이전의 다른 간부들이 면담 시간의 대부분을 거의 고아나 다름없는 가정 형편에서 자라난 그에 대해 "주시하고 있을 테니 현역병들이랑 마찰 일으키지 말고 사고 치지 말고, 조용히 지내라"라며 엄포를 놓았던 거와는 전혀 달리 진지하게 묻는 것이었다.

순간 아무런 대답도 할 수 없었다. 그도 그럴 것이 사회에 있을 때도 별다른 꿈이 없었는데 부대에 매인 지금 상황에서 생각해놓은 꿈이 있을 리가 없었다. 유 대리는 솔직하게 없다고 말했다. 그러곤 소대장과의 일은 잊어버렸다.

그런데 그게 끝이 아니었다. 소대장은 당시 상병이었던 유 대리를 볼 때마다 "유 상병, 그런데 이제는 꿈이 생각났나?"라고 묻는 것이었다. 그것도 장난이 아니라 진심으로.

그렇게 3주일이 지날 무렵인 어느 날이었다.

그날 역시 퇴근 점호를 받기 위해 당직사관이 근무하는 지휘통제실 앞에 줄을 서 있는데, 마침 점호를 진행하러 나온 소대장이 또다시 물었다. 그는 무슨 바람이 불었는지 그냥 생각나는 대로 답했다.

"저희 집안에 아직까지 대학 졸업자가 없는데, 제가 검정고시를 통과해 우리 집안 최초로 대학 졸업장을 따는 게 꿈입니다."

그 말에 소대장은 빙그레 웃더니 점호를 마치고 지휘통제실 안으로 들어가버렸다. 그렇게 끝인 줄 알았다. 주말이 되어 퇴근 점호를 끝내고 부대를 나서는데, 사복으로 갈아 입은 소대장이 그의 손을 잡아 끌었다. 그러고는 충주 시내의 한 책방으로 데리고 가서 대여섯 권의 검정고시 책을 그에게 안기는 거였다. 그러면서 "자! 대학 가야지?"라고 말하는 것이 아닌가.

그렇게 시작한 공부였다. 10년 넘게 놓다시피 한 공부가 제대로 될 리가 없었고, 의욕도 없었기에 처음에는 진도가 더디기만 했다. 그런데 어느 때부터인지 '언제까지 이렇게 살래?'라는 반성과 '앞으로 1년 남짓한 군 생활 동안 무언가 얻어갈 수 있지 않을까?'라는 기대가 머릿속에 떠오르기 시작하면서 점차 책상 앞에 앉아 있는 시간이 길어졌다.

소대장 역시 상근예비역 휴게실 문에 지역 명칭을 따 '가주 고등학교'라는 푯말을 붙여주고, 휴식 시간에는 공부할 수 있도록 최대한 배려해주었다. 알고 보니 소대장 역시 집안 형편 탓에 공업고등학교를 졸업한 뒤 취업을 했다가 다시 대학에 입학해 늦은 나이에 임관을 했다고 한다. 그래서 학업을 포기한 장병들을 보면 늘 마음이 쓰였다고.

한 차례 실패를 맛 본 뒤 전역할 무렵 고등학교 졸업 자격을 취득했고, 전역 후 아르바이트를 하는 틈틈이 수학능력시험에 도전하여 점호 시간에 소대장에게 농담처럼 이야기했던 꿈대로 그의 집안 최초의 대학 졸업자가 된 것은 물론, 현재의 직장에 취직해 어엿한 대기업 영업 사원의 길을 걷게 된 것이다.

그는 지금도 자신과 같은 처지의 후배들이나 군 입대를 앞둔 후배들을 만날 때면 이런 이야기를 한다고 한다.

군 생활 첫 1년과 이후의 1년은 똑같은 365일, 똑같은 52주, 똑같은 8,760시간이었다. 그런데 지나고 보니 똑같은 시간이 아니었다. 첫 1년은 날마다 똑같은 하루였다. 하지만 그 이후 1년은 하루하루가 어제와는 또 다른 새로운 하루였다. 그리고 그 새로운 하루들이 지금의 나를 만들었다.

24

군대에서
실력을
쌓다

유학생은 특성상 또래에 비해 군대를 조금 늦게 기는 경향이 있는데, 한 모 씨는 그중에서도 유독 입대가 늦은 편에 속했다. 그런데 나이보다 더 큰 문제는 그가 지독한 목디스크를 앓고 있다는 점이었다. 입대가 늦어진 것도 목디스크 치료를 위한 시술 및 재활 치료를 받다보니 그렇게 된 것이었다. 주위에서는 그 정도 중증 디스크면 최소 공익근무요원이고 병역 면제도 받을 수 있을 거라 예상했지만, 결과는 3급 현역 판정을 받고 육군에 입대하게 되었다.

입대를 앞두고 그는 오랫동안 깊은 고민을 했다고 한다.

'목디스크가 심각한 상황에서 입대하는 형편에, 내 군 생활의 목표를 어디에 둘 것인가?'

'이제 겨우 유학 생활에 익숙해졌는데, 군 생활 2년 동안 영어 실력이 도로 옛날로 돌아가는 것은 아닐까?'

'그렇게 둔해진 머리로 다시 미국 애들이랑 경쟁해서 이길 수 있을까?'

쉽게 나올 수 있는 답은 엄살을 부리며 훈련이나 작업에 설렁설렁 참여하면서 가끔 의무대에서 영어책, 전공책이나 몰래몰래 보면서 버티는 것이다. 목디스크 진단서가 있으니 부대에서도 함부로 훈련이나 작업을 강요하지는 못할 것이었고, 휴가 챙겨가면서 어떻게든 시간만 보내면 전역날은 다가올 테니 말이다.

하지만 그렇게 2년 가까운 군 생활을 보내고 싶지는 않았다. 그는 자신의 현재 상황을 냉정한 눈으로 바라봤다. 일단 가장 큰 목표는 더 이상 건강을 악화시키지 않고 전역하는 거였다. 그러나 그 이상의 목표는 건강 문제로 주눅이 들어 수동적인 모습을 보이지 않는 것이었다.

영어 실력 유지, 중국어 학습, MS-Office 관련 자격증 취득 등의 목표를 정했고 그에 더해 전역을 한 뒤 복학했을 때와 졸업 직후에 해야 할 일 등 중장기 인생 계획 수립도 군 복무를 하면서 끝마치기로 목표를 잡았다. 그에 더해 오랜 유학 생활로 혹시라도 발생할 수 있는 문화적 차이에서 오는 오해나 다툼을 최대한 일으키지 않기 위해 한국 특유의 문화를 이해하기 위한 노력에도 힘을 기울이기로 했다.

처음 J가 배치받은 곳은 모 기계화보병사단 예하의 포병여단 소속 포병대대였다. 그가 맡게 된 보직은 155밀리미터 포의 사격지휘병이었다. 흔히 FDC^{Fire Direction Center}로도 지칭되는 이 직책은 사격지휘장교^{Fire Direction Officer, FDO}의 명령을 받아 사격에 필요한 정보를 생성하는 일을 하는 자리였다. 화력 지원이 요청된 위치까지의 사거리, 고저차, 방위각 등을 측정하고 실제 포탄을 발사하기 위한 제원을 계산해서 보고하는 것이 주된 임무였기에 주로 학력이 높고, 계산능력과 책임감 등이 뒷받침된 병사들이 맡는 보직이다.

다행히 훈련을 할 때는 지휘소에 앉아서 부여받은 임무만 수행하면 되기에 목디스크가 큰 문제가 되지 않았다. 하지만 그 외에 장비를 손질하거나 이동시킬 때는 여간 신경이 쓰이는 것이 아니었다. 이대로 있다가는 죽도 밥도 안 되겠다는 생각에 그는 틈이 나는 대로 운동을 시작했다. 정신 없이 바쁜 군 생활 가운데에서도 꼬박꼬박 시간을 내 체력단련장으로 달려가 운동에 매진했다.

디스크 같은 질병은 일상생활 속 잘못된 자세 또는 과체중에 의해 유발되는 경우가 많다고 한다. 군인은 바르고 당당한 자세를 취할 것을 지시받고, 특히 신참 시기에는 비스듬히 누워 있기가 거의 불가능하다. 규칙적인 생활 습관과 올바른 자세 그리고 틈이 날 때마다 매진했던 운동 덕분인지 목디스크는 더 이상 악화되지 않았다.

그렇게 건강 상태에 자신이 붙은 그는 입대 후 잠시 손을 놓았던 영어 공부를 시작했고, 얼마 지나지 않아 상급 부대인 군단 어학병 선발 시험에 합격해 군단으로 이동해서 근무하게 되었다. 그곳에 가서도 처음 생활했던 부대에서의 마음가짐을 잃지 않고 신병처럼 솔선수범하고 주위 동료들을 배려하며 맡은 바 임무에 최선을 다했다. 물론 목디스크 재발 방지를 위한 꾸준한 운동은 습관처럼 지속이 되었다.

결국 전역할 무렵 그는 거의 완치 수준으로 목디스크가 완화되었고, 전역 이후로도 친구처럼 만날 수 있는 여러 명의 선후임들을 사귀었으며, 영어 역시 입대하기 전에 비해 전혀 떨어지지 않는(오히려 어휘력이나 작문 능력은 향상된) 실력을 갖추게 되었다.

그리고 복무 기간 중 받은 여러 개의 표창장은 인생에 잊지 못할 기분 좋은 덤이었다.

25

제2의
인생을
열다

37사단 모 연대 기동중대에서 군 복무를 했던 이 모 씨의 별명은 '스케치북'이었다. 그런 별명이 붙게 된 때는 입대 전 신입생 오리엔테이션에서였다. 선배들과 콘도미니엄에 있는 사우나를 갔는데, 그의 어깨에 그려진 문신을 보고 한 복학생 선배가 '이 자식은 무슨 지 등

판이 스케치북이야? 왠 그림을 그려놓고 난리야!'라고 타박을 한 뒤로 붙여진 별명이었다.

고등학교 졸업을 하고 들뜬 기분에 편의점에서 아르바이트를 해서 모은 돈의 절반을 털어서 친구들과 '우정의 징표'로 새겼던 문신이었다. 처음 새길 때는 몰랐다. 아직까지 대한민국에서 문신이라는 것이 어떠한 의미로 받아들여진다는 것을…. 물론 요즘에는 문신이라는 이름 대신 '타투Tattoo'라고 해서 여학생들도 많이 하는 다소 일상화된 패션 아이템의 하나로 받아들여지기도 한다. 하지만 이 모 씨가 군 복무를 할 무렵만 하더라도 문신은 사회에서 좀 놀았던(?) 가령 조폭이나 유흥업소 종사자, 불량 학생임을 나타내는 주홍글씨와도 같은 존재였다.

원래는 대학 1학년을 마치고 입대하고 싶었는데 어쩌다 보니 3학년까지 마치고 입대를 하게 되었다. 물론 주위의 충고도 있고 해서 입대 전에 문신을 지우고 싶었지만, 문신을 완전히 지우는 데 드는 비용을 듣고서는 포기해버리고 말았다.

금액도 금액이지만, 그 무렵 아버지가 하시는 금

은방에 도둑이 들어 큰 손해를 입는 바람에 도저히 병원비를 대달라 부탁을 할 수 없는 형편이었다. 갑작스럽게 군 입대를 결정한 것 역시 도난 사고로 인한 가계 부담을 덜어드리기 위해서였다. 문신이 크지 않아서인지 현역으로 입대했고, 자대 배치를 받은 후 붙여진 그의 별명은 역시나 스케치북이었다.

해가 바뀌어 그는 일병으로 진급했다. 어느 날 훈련 출장 나갈 준비를 하고 있는데, 중대 행정보급관이 그를 부르는 것이었다. 그러곤 휴가 나갈 때나 입는 A급 전투복을 입고 오라는 지시도 내렸다. 얼른 세면을 하고 전투복을 갈아입고 행정반으로 가보니, 연대 인사장교와 본부중대에 근무하는 선임 둘이 더 있었다. 인사장교는 그를 포함한 세 명의 병사를 데리고 연대장실로 갔다. 연대장실에는 연대장님 말고도 두 분이 더 계셨다. 한 분은 군종장교님이었고, 다른 한 분은 잘 모르는 민간인이었다.

알고 보니 연대장님과 군종장교님의 주선으로 부대 주둔 지역 인근 도시에서 봉사 단체를 이끌고 계신 성형외과 원장님께서 문신을 지우고 싶은 장병들을 대상으로 무료 시술을 해주겠다고 나서신 것이다. 연대장실에 있던 민간인은 바로 그 성형외과 의사 선생님이었다.

그 길로 외출증을 끊고 따라나가서, 몇 가지 간단한 피부 약물 반응 검사를 받은 뒤 시술에 들어갔다. 문신 크기는 작았지만 흉터와 흔적이 남지 않게 하려니 몇 달에 걸쳐 시술을 받아야 했다.

그렇게 여러 차례 시술을 받으며 의사 선생님과도 이런저런 이야기를 나눌 수가 있었다. 이 모 씨는 자신의 진로 고민에 대해 이야기했고, 선생님께서는 이제 막 도입이 검토되고 있던 의학전문대학원 제도에 대해 소개를 해주셨다. 일반 4년제 대학 재학 또는 졸업생을 대상으로 시험을 거쳐 선발하는 대학원인데, 과정을 마치면 기존에 정규 의대를 마친 졸업생들과 동등하게 의사고시를 치러 의사가 될 수 있는 제도라는 것이었다.

그 이야기를 듣는 순간 그는 자리를 박차고 일어날 뻔했다. 지난 1년간 작업, 훈련, 점호가 무수히 반복되던 무료한 군 생활에 익숙해져 어느덧 편안함까지 느끼고 있던 몸과 마음에 누군가가 엔진을 심어주고 시동을 걸어준 것만 같았다.

부대로 돌아온 그를 군종장교님께서 불렀다. 의사 선생님께서 연락을 한 모양이었다. 몇 차례 상담을 거쳐 진로를 정한 뒤 주말 외박을 활용해서 의전원 입학에 필요한 자료와 수험서 등을 사 왔다. 그러고는 공부에 들어갔다. 소문을 들은 인사장교님의 배려로 일과 시간 이후나 주말에 간부 연구실 한쪽 책상을 사용할 수 있었다. 물론 안 하던 공부를 하려니 몇 주 동안은 좀이 쑤셨다.

전역한 지 10여 년이 넘어가는 지금은 말할 수 있는데, 공부를 하겠다고 책을 들고 내무반을 나서다가 선임과 눈이라도 마주치면 여지없이 막사 뒤편 빨래 건조장으로 끌려가 고초를 치러야 했다. '감히 일병 나부랭이가 공부한다고 설레발친다'는 깃이 이유였다. 그럼에도 불구하고 그의 공부는 계속되었다.

한 가지 신기했던 것은 공부를 하기 이전에는 군 생활만 하는 데도 늘 바쁘고 정신이 없었는데, 공부를 시작하고 나서는 오히려 마음의 여유가 더 생겼다는 점이다. 공부를 시작한 뒤부터 작업을 빨리 끝내면 끝낼수록 책을 한 페이지라도 더 볼 수 있다는 생각에 신이 나서 해치워버리는 것이 습관이 되었다.

전역 후 졸업해서 처음 치른 시험은 준비가 부족해서 실패했지만, 그 이듬해 치러진 시험에서 그는 한 지방대 의학전문대학원에 당당히 합격할 수 있었다. 현재 그는 정규 학업 과정을 마치고 성형외과 전공의로 활동하고 있다. 아직까지는 학자금 대출비를 상환하느라 빡빡한 삶의 연속이지만, 조만간 자신이 근무했던 부대로 찾아가 새로운 삶에 도전하고 싶어 하는 장병들을 만나볼 계획이라고 했다.

자신과 같은 제2의 이 일병을 위해.

I feel that luck is preparation
meeting opportunity.

나는 행운이란
준비와 기회의 만남이라고 생각한다.

— 미국의 방송인이자 사업가 오프라 윈프리

26

조금만
아껴서
쉽게 모아보자

믿지게 군 생활을 해낸 사람들을 찾아다니다보니, 의외로 군 복무 중 소소하게나마 다시 사회로 돌아갔을 때 유용하게 활용할 수 있는 금전적 준비를 한 사람들이 꽤 있었다. 군에서 받은 월급을 다 쓰고도 집에서 용돈을 받아 가져가서 쓰는 이들이 여전히 많다. 그런 가운데서도 월급을 모아 복학 첫 학기 대학 등록금을 마련했다거나, 몸 담고 있던 밴드에서 사용할 앰프를 새로 구입했다거나, 입대 전 일하던 현장에 복귀하면 바로 쓸 수 있도록 각종 공구류들을 싹 개비한 이들을 심심치 않게 만나볼 수 있었다.

그것이 가능한 이유는 우선, 군에서 지급하는 사병 월급이 과거에 비해 큰 폭으로 올랐기 때문이다.

계급 / 연도	2016년	2017년
병장	197,100원	216,000원
상병	178,000원	195,000원
일병	161,000원	176,000원
이등병	148,800원	163,000원

| 2016~2017년 사병 월급표 |

물론 전원 모병제로 소집해서, 2016년 기준으로 수당을 제외한 일병(우리로 치면 이등병) 기본 연봉

이 약 1만 8,800달러, 상병(우리로 치면 병장)은 2만 4,500달러에 달하는 미국이나, 이등병 월 기본급이 우리 돈으로 110만 원 가까이 되는 독일에 비하면 한참 못 미치는 수준이다. 하지만 징병제 국가 중에서도 거의 최하위 수준이었던 우리 군의 사병 월급은 이후 몇 차례 인상을 통해 현재 이병부터 병장까지 전 사병 계급이 10만 원 이상 받고 있고, 이후로도 점진적으로 인상될 계획인 것으로 알려져 있다.

둘째는 군에서 제공하는 기초적인 복리 후생 수준이 많이 높아졌고 다양해졌기 때문이다. 물론 아무리 좋아졌다고는 하지만 세계 12위권의 경제 규모를 자랑하는 대한민국 민간 사회에서 누릴 수 있는 생활 편의 시설에는 아직까지 못 미치는 부분이 있는 것은 부정할 수 없다. 그래도 예전과 비교해보면 군의 복지시설과 세도 및 시스템은 실로 일취월장했다고 할 반하나. 때문에 과거 지급받은 피복이나 장구의 품질이 열악하여 사제 물품을 별도로 사다 쓰거나, 보급품이 부족해 자비로 생필품 등을 사서 채워 넣던 문화가 이제는 많이 사라지는 추세이다.

즉, 조금만 굳은 결심을 하고 돈을 모으기 시작하면 큰돈은 아니어도, 전역 시 꽤 의미 있는 액수의 돈을 들고 나올 수도 있다는 말이다.

27

돈이
시간을
벌어준다

군대에서의 경험 중 가장 신기했던 것 중 하나가 은행이 주관한 경제 강좌였다. 동기들과 자대 배치를 받자마자 은행에서 부대로 찾아와 '나라사랑카드' 계좌를 개설해주고, 높은 금리의 적금까지 소개해준 것이었다. 물론 아직까지 금융 정보에 밝지 않은 군인들을 대상으로 영업 활동을 한 거라고 볼 수도 있겠지만 첫 휴가 때 은행에 다니는 선배들에게 물어보니 꼭 그런 것만도 아니었다.

일단 군장병에게 소개해준 상품 대부분이 민간인에 비해 상당한 우대 금리를 적용해준다는 점이었다. 일반적으로 군 장병들이 납입하는 적금은 입출금이 빈번하지 않고 중도 해지율도 높지 않은 편이기 때문에 비교적 높은 금리의 혜택을 받을 수 있는 거라고. 즉, 군인이라면 반드시 챙겨야 할 혜택이라는 것이었다.

실제로 내 주위에는 입대 전에 개인적으로 들어둔 적금이 여러 개 있으면서도 굳이 추가적으로 군에서 들 수 있는 적금에 가입한 동기들도 꽤 있었다.

그런데 그보다 더 강력하게 '군 복무를 하며 종잣돈을 마련하겠다'는 의지를 실현시켜주는 마법이 있었으니, 그 이름은 바로 '복리'이다.

복리는 간단히 말해서 원금과 이자를 합친 돈이 다음 기간에 원금이 되어 그를 기준으로 이자가 붙고, 그 다음 기간에는 바로 이전의 원금과 이자가 합쳐진 것에 대한 이자까지 합쳐진 돈이 원금이 되어 그를 기준으로 계산이 된 이자가 붙는 현상을 말한다.

복리를 설명하는 가장 유명한 방법으로 '뉴욕의 맨해튼 섬을 판 인디언의 사례'가 있다.

1626년 인디언들은 단돈 24달러에 자신들이 소유하고 있던 맨해튼 섬을 네덜란드 사람에게 팔아버렸다. 이후 이 맨해튼 섬은 뉴욕의 중심은 물론, 세계 상업, 금융의 중심지가 되면서 세계에서 가장 값비싼 땅이 되었다. 여기까지 보면 인디언들은 정말 바보 같은 결정을 내렸다는 것이 이제까지의 정설이다. 그러나 전설적인 투자 은행가 존 템플턴 경은 전혀 다른 견해를 제시했다.

'만일 인디언들이 땅을 팔아 챙긴 24달러를 연 8퍼센트 복리이자 조건으로 은행에 입금을 했다면?'

실제 고도성장기 미국의 은행 이자는 8퍼센트는 물론 두 자리 수를 넘나들었으니 무리한 이자율 계산은 아니었다. 그를 기준으로 계산한 결과 실제 그렇게 은행에 입금했다면 그 돈은 2014년경에 약 200조 달러가 되어 있을 거라는 것이 템플턴 경의 주장이었다. 200조 달러라면 우리 돈으로 20경 원이 넘는 돈인데,

이 정도면 전 세계 한해 GDP보다도 많은 금액이고, 맨
해튼은 물론 뉴욕 전체를 몇 번이나 사고도 남을 만한
액수다.

때문에 인류 역사상 가장 똑똑한 사람 중 한 명으
로 꼽히는 아인슈타인 박사조차 복리에 대해 이렇게까
지 극찬했다.

기존의 세계 7대 불가사의에 더해 여덟 번째 불
가사의라 할 만하다.

구분	1년	2년	5년	10년
단리 10%	108만 원	116만 원	142만 원	184만 원
복리 10%	108만 원	118만 원	154만 원	244만 원

| 100만 원을 단리상품과 복리상품에 예치했을 때 수익률 차이 |

바로 이 복리의 마법이 가진 힘을 빌리는 것이다.
비록 매달 받는 돈이 그다지 많지는 않지만 독한 마음
을 먹고 일정액씩 고정적으로 적금을 넣다보면, 그 돈

이 2년 뒤에는 제법 큰 돈이 될 것이고, 이를 기반으로 해서 제대 후에도 계속 적금을 부어나가면 나중에 정말로 필요한 시기에 매우 유용한 자금이 되어줄 것이다. 특히 복리 방식의 은행 상품의 경우 '언제 시작하느냐에 성공의 8할이 달려 있다'라고 할 정도로, 한시라도 빨리 불입을 시작하는 것이 향후 이자 금액에도 지대한 영향을 미친다.

정기적인 수입이 생기는 군대에서 저축을 시작한다면, 첫 월급을 받고 난 뒤에야 저축을 시작하는 또래들에 비해 훨씬 더 앞서 있는 자기 자신을 발견할 수 있을 것이다.

28

더 벌 수 있는
방법도
있다

절약과 저축을 통해서도 제법 목돈을 만들 수 있지만, 그보다 더 빨리 많은 돈을 만들고 싶다면 적극 권해주고 싶은 것이 유급지원병이다. 유급지원병제는 특정한 분야에 필수적인 숙련병의 부족 상황을 해결하기 위해 2007년 말에 신설된 제도로 2008년부터 시행되었다.

전문병제라고도 하며 병역법(제20조의 2)에는 다음과
같이 유급지원병 선발과 운영 방법에 대해 규정하고
있다.

1. 병무청장이나 각 군 참모총장은 우수한 숙
   련병을 확보하기 위하여 필요하다고 인정하
   는 경우에는 본인의 지원에 의하여 1년 6개
   월 범위에서 기간을 연장하여 복무하게 할
   사람을 선발할 수 있다.
2. 유급지원병은 다음 각 호의 어느 하나에 해
   당하는 사람 중에서 선발한다.
   ① 제1국민역에 편입된 사람
   ② 현역병으로 복무 중인 사람
3. 제2항에 따라 유급지원병으로 선발된 사람
   에게는 대통령령으로 정하는 바에 따라 보
   수를 지급한다.
4. 제2항 제1호에 따라 유급지원병으로 선발
   된 사람의 입영 및 선발 취소에 관하여는 제

20조 제2항을 준용한다.

5. 각 군 참모총장은 제1항에 따라 연장 복무 중인 유급지원병이 복무의 중단을 원하는 경우에는 질병·심신장애 등 대통령령으로 정하는 사유로 현역 복무에 적합하지 아니하다고 인정되는 경우에만 허가할 수 있다.

6. 유급지원병의 선발 및 복무 등에 필요한 사항은 대통령령으로 정한다.

복무 유형을 자세히 소개하면 다음과 같다. 총 2가지 유형이 있는데 의무 복무 기간을 마친 뒤 6개월에서 18개월까지 연장 복무를 하는 '유형 1'과 처음부터 3년간 복무하는 '유형 2'로 구분된다. 육해공군에서 모두 이 제도를 운영하고 있는데 일반 전투병보다는 특수한 기계나 장비를 다루거나, 숙련된 기술이 필요한 직무를 담당하는 분야에서 수요가 많은 편이다. 그중에서도 '유형 1'은 전투 및 기술 숙련자로서 분대장, 레이더, 정비병 등이 해당된다. '유형 2'는 첨단장비 전문

인력으로 차기 전차와 KDX-Ⅲ 구축함, K-9 자주포, 유도탄 등의 분야에 활용된다.

관심이 있다면 입대를 준비하면서부터 본인의 전공 또는 사회 경력과 관련이 있는 분야로 지원을 하거나, 관련된 자격증을 틈틈이 챙겨두는 것이 중요하다.

이병에서 병장까지는 현행 병사 계급과 동일하며, 연장 복무 기간에는 하사 계급이 부여된다. 보수는 연장 복무 기간에 월 120만 원 정도 지급되며, 입대하면서부터 3년간 복무하는 자에게는 별도의 장려 수당이 지급된다. 또한 부사관·장교 및 각 후보생으로 지원할 수 있는 자격도 부여된다.

사례를 조사하며 만났던 한 하사의 경우 대학 2학년을 마치고 휴학한 뒤 입대하여, 공군 방공포부대에서 방공 장비를 운용하는 보직으로 근무하다 전역을 앞두고 유급지원병에 지원한 케이스였다. 하사 계급장을 달게 된 그는, 자신이 근무하던 부대에서 계속 근무하면서 200여만 원 가까운 월급을 받았다. 그리고 전역할 무렵에는 남은 대학 생활의 학비는 물론 생활비까지 모두 벌어서 전역할 수 있었다고 한다.

이처럼 대한민국 군은 군법과 규정에 의해 움직이는 경직된 조직 같지만, 자신이 어떤 마음을 먹고 어떻게 준비해서 얼마나 열심히 도전하느냐에 따라서 얼마든지 사회로 복귀하려는 이들에게 지원을 아끼지 않는 든든한 후견인 역할을 해주고 있다.

4

군대,
누군가에겐
지상 최고의 학교

4장

To dream by night is to escape your life. To dream by day is to make it happen.

밤에 꾸는 꿈은 삶으로부터의 도피이고,
낮에 꾸는 꿈은 그것을 현실로 만드는 것이다.

— 미국의 베스트셀러 작가 스티븐 리처드

29

군 생활은
삶을 요약하는
시간이다

영어 이력서를 뜻하는 '레쥬메resume'라는 단어가 있다. 이제는 너무나 흔하게 쓰여 영어 사전에도 올라 있는 말이지만, 레쥬메는 프랑스어에서 빌려온 단어이다. 프랑스어로 '레쥐메résumer'는 동사로 '요약하다'라는 뜻이다. 이 단어의 어원 격인 라틴어 단어 '레수메레

resumerer'가 '다시 잡다' '다시 시작하다'라는 의미로 쓰이고 있었고, 이 단어가 14세기 무렵 프랑스어에 삽입이 되면서 '다시 잡다'라는 의미에 덧붙여 '무언가를 손대서 축약하거나 간결하게 하다'라는 의미가 생겨났다는 것이다.

'요약하다'라는 뜻으로만 쓰였던 이 단어가 지금의 이력서라는 의미로 쓰이게 된 것은 18세기 말 무렵 영어에서 사용되면서부터이다. 무역이 활발해지면서 수출입 물품에 붙여진 기나긴 생산 및 유통 관련 내용들을 간략하게 축약한 설명서가 등장했고, 이를 레쥬메라고 부르기 시작했다. 마찬가지로 채용 시장이 활성화되면서 피고용인들이 자신이 보유한 능력이나 지나온 경력 등을 간략하게 요약한 서류들을 레쥬메라고 부르는 것이 유행하게 된 것이다.

그렇게 100여 년간 유럽 전역에서 간헐적으로 사용되던 레쥬메라는 단어가 본격적으로 '이력서'라는 뜻으로 쓰이기 시작한 것은, 미국이 1940년대 공황을 막 끝내고 다시금 전후 복구에 착수하여 눈에 띄게 채용 시장이 활성화되었던 때부터이다. 레쥬메는 취업을 하기 위한 사람들이 반드시 작성해야 하는 이력서라는 서류를 의미하는 말로 확정이 됐다.

한 가지 재미있는 사실은 이 단어의 종주국이라고도 할 수 있는 프랑스에서는 레쥬메를 명사로는 '요약', 형용사로는 '요약된'이라는 의미로 사용할 뿐, 다른 영어권 국가에서처럼 '이력서'라는 의미로는 사용하지 않는다는 점이다.

굳이 이와 같은 어원을 따지지 않더라도 레쥬메, 이력서는 내 인생이 요약된 하나의 역사서이다. 그 안에는 내가 어떤 집에서 태어나 어떻게 자랐으며, 어떤 교육을 받았고 어떤 경험을 했으며, 그로 인해 어떤 자격증과 학위를 땄고, 어떤 역량을 보유하고 있는지가 낱낱이 정리되어 있다.

군대에서의 시간 역시, 사람에 따라서는 레쥬메의 빈칸을 채워나갈 수 있는 소중한 기간이 될 수 있다.

30

전국구
자격증에
도전하라

취직 또는 진학 시 반드시 필요한 것이 자기 자신을 설
명해줄 수 있는 레쥬메인데, 여기에 담길 내용 중에서
나 자신의 능력을 가장 공신력 있게 보여줄 수 있는 것
이 자격증, 면허증 또는 수료증 등과 같은 증서들이다.

과거에는 수송병으로 복무한 사람들이 제1종 대

형면허를 취득하거나, 공병대에 근무한 사람들이 중장
비면허를 취득하는 것 정도가 군대에서 취득할 수 있

구분	자격증 명칭
IT	워드프로세서 / 컴퓨터활용능력 / 정보처리기사 / 리눅스마스터 자동사무화처리기사 / 컴퓨터그래픽스운용기능사 / MCSE
금융	공인회계사 / 재무위험관리사 / 국제재무분석사 / 세무사 투자상담사 / 증권분석사 / 금융투자분석사 / 보험중개사
물류 및 유통	물류관리사 / 유통관리사 / 관세사 / 무역영어 / 전자상거래관리사 외환관리사 / 국제무역사 / 사이버무역사
건축	실내건축산업기사 / 건축산업기사 / 전산응용건축제도기능사 도시계획기사 / 주택관리사
디자인	시각디자인기사 / 제품디자인기사 / 제품응용모델링기능사 패션디자인산업기사 / 의류기술사 / 컴퓨터그래픽스운용기능사
보건 · 의료	물리치료사 / 방사선과 / 작업치료사 / 치과기공사 / 치과위생사
스포츠	생활체육지도사 / 스포츠경영관리사 / 레크리에이션지도자 스포츠마사지사
식품가공	제과기술사 / 제빵기술사 / 조주기능사 한식 · 양식 · 일식 · 중식 · 복어조리기능사
기계기술	일반기계기사 / 컴퓨터응용가공 선반 · 밀링 산업기사 / 공조냉동기사 정밀측정산업기사 / 사출금형설계기사 / 프레스금형설계기사
안전 · 환경	가스기사 / 산업안전기사 / 소방기사 / 대기환경기사 / 수질환경기사 폐기물처리기사 / 온실가스관리기사 / 보일러기사
기타	직업상담사 / 한자능력시험 / 한국사능력시험

| 군대에서 취득할 수 있는 각종 자격증 종류 |

는 자격 면허의 전부였다. 하지만 이제는 군대가 가히 자격 면허 취득의 천국이라 할 수 있을 정도로 그 종류가 많아졌다.

또한 군 당국에서도 국민에 대한 2차 교육기관으로서의 본분을 다하고, 전역 이후의 삶에 대한 대비를 지원하여 안정적인 복무 분위기를 제고하고자 병사들의 자격 면허 취득을 적극 권장하고 있다. 특히 통신병, 시설관리병, 취사병 등의 경우 임무 수행 능력을 향상시키기 위해 관련 교육 수강과 자격증 취득을 적극적으로 지원한다. 그러므로 본인의 의지만 있다면 향후 이력에 큰 도움이 될 만한 다양한 자격증들을 군대 내에서 얼마든지 딸 수 있다.

나 역시 길지 않은 복무 기간 중 그간 외국에서 유학 생활을 하며 여건이 안 되어 따지 못했던 자격증을 취득하고자 마음먹었다. 일과 중 틈틈이 혹은 주말이나 야간에 집중적으로 준비를 해서 독서지도사, 심리상담사 등 8개의 자격증을 취득할 수 있었다.

그런데 군대 내에서 이러한 자격 면허를 취득하는 것은 사회에 나갈 준비를 하고, 내 인생의 레쥬메에 적어 넣을 것을 한 줄 더 늘린다는 것 외에도 매우 중요한 의미가 있다.

특별히 큰 훈련이나 대대적인 실제 작전 상황이 벌어지지 않는 한 부대의 일상은 거의 동일하다. 같은 시간에 일어나서 점호를 하고, 같은 시간에 같은 장소에 가서 식사를 한 뒤 날마다 거의 비슷한 작업을 마친 뒤 청소, 정리 후에 점호를 받고 취침하는 걸로 하루가 돌아간다.

그러다 보니 아무리 사회에서 열정적이고 도전적인 삶을 살아왔던 사람이더라도 어느덧 자신도 모르는 새 매너리즘에 빠져 수동적이고 게으른 사람이 되기 십상이다. 그럴 때 자격증이나 면허증을 취득하기로 마음먹는 일은 다시금 삶의 주도권을 되찾는 하나의 동기부여 방안이 된다.

트리거trigger라는 말이 있다.

우리말로 번역하면 '방아쇠' 정도의 의미로 쓰이는 단어인데, 2015년 세계적인 리더십 강사이자 베스트셀러 저자이기도 한 마셜 골드스미스Marshall Goldsmith 가 자신의 책 제목으로 사용하면서 다시 한 번 주목을 받았다. 그는 『트리거Triggers: Creating Behavior That Lasts - Becoming the Person You Want to Be』에서 사람이 변화를 위해 어떠한 행동을 하기로 마음을 먹고도 하지 않는 데에는 여러 가지 이유가 있으며, 그때 다시 행동에 나서도록 하기 위해서는 어떠한 '계기'가 필요하다고 주장했다. 그리고 그 계기가 되는 것이 '트리거'인데 트리거가 될 수 있는 것에는 환경, 주위의 조언, 스스로의 각성, 조직의 시스템 등 여러 가지가 있다는 것이다.

우리는 과감히 변화의 길로 나서지 못하고 있을 때 '내 의지력이 약해서야'라고 모든 원인을 자기에서 찾으며 자책감에 시달리는 경우가 많다. 이때 골드스미스는 자기 자신의 의지력만을 탓하기보다는 나에게 동기를 부여해줄 수 있도록 주위 환경을 새롭게 바꿔보라고 조언한다. 또는 나를 자극해줄 수 있는 사람에게 도움을 요청하거나, 속한 조직의 체계적인 도움을 받아야 한다고 말한다.

군대 내에서 나에게 그런 트리거 역할을 해줄 수 있는 것이 바로 자격증 또는 면허증 준비이다.

물론 자격 면허 취득에 아예 도전해볼 마음도 없

는 사람은 어쩔 수가 없다. 그 단계만큼은 스스로 극복해야 한다. 그러나 일단 자격 면허 취득에 도전장을 내밀면, 그것이 트리거가 되어 내 생활을 바꾸게 된다.

일단 시험 날짜가 정해지니, 이제까지 늘 비슷했던 하루하루가 조금 더 시험 날짜에 가까워진 하루로 변한다. 게다가 시험을 준비하기 위해서는 여분의 시간이 필요하고, 그러자면 나머지 일과 시간 중에 최대한 주어진 임무를 완벽히 완수해야 나머지 비는 시간을 시험 공부를 위해 활용할 수 있으므로 군 생활에 조금 더 몰입하게 되는 효과도 있다. 거기에 하루하루 공부를 하며 시험 준비를 하는 내 모습을 지켜보면서 내가 한 단계 업그레이드되는 듯한 뿌듯함을 얻을 수 있다. 그런 느낌은 군 생활에 대한 만족도를 급격히 업! 시켜 준다.

Man cannot discover new oceans
unless he has the courage to lose sight
of the shore.

해변이 더 이상 안 보이는 것을
감내하지 못하는 자는
새로운 대양을 발견할 수 없다.

— 프랑스의 소설가이자 노벨문학상 수상자 앙드레 지드

31

군대가
세인트존스칼리지처럼
될 수 있다

내가 공부하고 있는 뉴욕대학교에서 약 230마일 정
도 떨어진 메릴랜드 주 아나폴리스에는 신기한(?) 대
학교가 하나 있다. 세인트존스칼리지Saint John's College
가 바로 그 주인공이다. 원래 아나폴리스에는 1845년
설립된 미 해군사관학교로 유명하다. 수많은 관광객들

이 해군사관학교를 구경하기 위해 이곳에 찾아오며 많은 미국인들은 해군사관학교를 말할 때 정식 명칭인 'United States Naval Academy' 또는 'USNA'라고 하지 않고 지역 명칭을 따서 '아나폴리스'라고 부르는 경우도 빈번하다. 그런데 어느 때부터인가 사람들은 아나폴리스 하면 세인트존스칼리지가 있는 도시라고 할 정도가 되었고, 도시에서 가장 유명한 학교 역시 해군사관학교 못지않게 세인트존스칼리지를 언급하는 사람들이 많아졌다.

사실 세인트존스칼리지는 최근 들어 부쩍 전 세계적으로 유명세를 탔기에 부각된 이름일 뿐, 학교 자체는 개교한 지 300년이 훌쩍 넘는 유서 깊은 학교이다. 1696년에 세워진 이 학교가 전 세계적인 유명세를 누리게 된 것은 1920년대 중·후반 도입된 학교 수업 운영 시스넴 넉분이다.

1929년 10월 24일. 이른바 '검은 목요일'로 불리는 월가Wall Street의 주가 대폭락으로 인해 촉발된 세계 대공황은 삽시간에 미국은 물론 전 세계 경제 시스템을 집어삼켜버렸다. 주식시장은 붕괴했고, 은행들은 부도가 났으며, 최악의 실업률과 살인적인 인플레이션이 각국을 덮쳤다. 한쪽에서는 판로를 찾지 못해 감자밭, 옥수수밭을 트랙터로 뒤집어엎는 판국에 다른 한편에서는 어린아이들이 먹을 것을 구하지 못해 영양실조로 죽어가는 알 수 없는 혼돈이 몇 년간이나 지속되었다.

이와 같은 경제 혼란은 대학이라고 예외는 아니었다. 하버드나 예일 같은 거대 대학들과 달리 재정이 튼튼하지 못했던 세인트존스칼리지는 자구책으로 학생을 한 학년에 100~150명으로 줄이고, 교수 숫자 역시 최소한으로 축소했다. 대신 학생들이 특정한 커리큘럼에 얽매이지 않고 고전을 읽고 자유로운 토론을 통해 부족한 학문적 지식을 얻을 수 있도록 했다.

이와 같이 학교 운영 시스템을 변경하자 주위에서 온갖 우려를 빙자한 비아냥이 쏟아지기 시작했다. "그렇게 해서 제대로 된 수업이 이루어질 수 있겠느냐?"부터 시작해서, "시대가 어느 때인데 고전 타령이냐?"는 소리까지. 그러나 세인트존스칼리지의 총장과 교수들은 자신들의 계획을 꿋꿋이 실현시켜나갔다.

1920년대 말 이후 입학하는 학생들은 호메로스

의 『일리아스』 『오디세이아』 같은 고대문학부터 단테의 『신곡』, 몽테뉴의 『수상록』 등과 같은 중세·근대의 작품, 뉴턴의 『자연철학의 수학적 원리』와 같은 자연과학 서적에 이르기까지 방대한 분야와 다양한 장르에 걸쳐 100여 권의 책을 읽어야 했다. 책을 읽은 뒤에는 100퍼센트 토론식으로 진행되는 수업에서 자신이 읽은 내용과 받은 감흥을 설명하고 책의 내용 중 더 깊은 논의가 필요한 부분에 대해 이야기를 해야 했다. 이런 방식 때문에 학생들은 책을 제대로 읽어 오지 않으면 안 되었다. 토론에 적극적으로 참여하지 않으면 세인트 존스칼리지의 수업에 참여할 의지가 없다는 평가를 받고 학교를 떠나야만 했다.

교과과정은 몇 개의 축으로 이뤄져 있다. 4년 내내 이뤄지는 '과학 실험'은 원전 과학 논문을 읽고 그 방식에 따라서 공부를 하는 것이다. 실제로 동물 해부도 해본다. '수학'에서는 1학년 때 유클리드의 『기하학 원론』을 공부하고 4학년이 되면 아인슈타인의 장방정식을 푼다. 그 외 '글쓰기와 음악' '언어'는 원전 논문과 책을 읽어나가는 과정이다.

이렇게 운영되는 이 대학 졸업생들은 외부의 우려와 달리 매우 높은 수준의 학문적 성과를 이뤄냈다. 매년 졸업생 대다수가 의학대학원이나 법률대학원에 진학하여 학계, 법률계, 의료계 등에 진출하고 있다.

　　「뉴욕 타임스」가 선정한 '미국 대학 최고의 학사 과정'에 리드칼리지와 함께 1위로 선정되기도 했으며, 대학을 대상으로 한 각종 조사에서도 늘 상위권에 그 이름을 올리는 작지만 강한 대학으로 꼽히고 있다. 그런데 바로 이 세인트존스칼리지에서의 학습과 같은 효과를 거둘 수 있는 곳이 있다. 군대가 바로 그 주인공이다.

32

군인도
인문학을
사랑한다

군대 가서 세인트존스칼리지에서처럼 공부할 수 있다
고 하면 말도 안 되는 소리라고 생각하는 사람들이 많
을 줄 안다.

"아니, 군대 생활이 얼마나 고된데, 거기서 책을
읽으란 말이야?"

"대체 얼마나 느슨한 부대이길래 군대에서 책을 읽으라는 거지?"

"그래. 설사 잠시 시간이 나서 책을 읽는다 치자. 그래 봤자 잡지나 수험서라고."

벌써 그런 말들이 귀에 쟁쟁하게 들리는 듯하다.

그런데 군대를 세인트존스칼리지처럼 활용할 수 있음을 증명하는 사람들은 우리 주변에 많이 있다. 지금은 경영컨설턴트로 활동하며 강연가, 작가 등으로 바쁜 삶을 살고 있는 신 모 씨의 경우도 마찬가지였다. 학사장교를 지원하여 육군 소위로 임관한 그가 배속받은 곳은 대도시 한복판에 있는 향토부대였다. 도시 향토부대의 특성상 향토 방위라는 업무에 지역 예비군 훈련 교관 역할, 각종 대민 지원 업무 등 행정적으로 처리해야 할 일들이 산더미처럼 쌓여 있어 오히려 전방보다 더 바쁜 경우가 많았다. 그러다 보니 같은 BOQ[3]를 쓰는 동료 장교들은 퇴근 이후에는 피곤하다는 핑계로 소파에 누워 TV 리모컨이나 쥐고 뒹굴거리

---

3 Bachelor Officer Quarters. 영내에 있는 독신 장교용 숙소.

거나, 삼삼오오 모여 당구를 치러 나가거나, 이도 저도 아니면 배달 음식을 시켜 술을 먹는 일이 다반사였다. 신 모 씨 역시 소위 때는 그런 선배들을 따라 술을 마시러 다니거나 당구장, PC방을 전전했었다.

그러다 1년이 지나 중위로 진급할 무렵, 갑자기 '이렇게 살아서는 안 되겠다'는 생각이 들었다. 어느 날 우연히 잡지를 읽던 중 책들이 가득 꽂혀 있는 낡은 책장 사진 하나를 보게 되었다. 책장의 주인은 미국의 한 저널리스트였는데 사진에는 책장의 이름이 '5피트feets 책장'이라고 나와 있었다.

알고 보니 그 책장은 미국에서는 이미 유명했다. 책장을 처음 고안한 사람은 찰스 엘리엇Charles W. Eliot 이라는 대학 교수라고 한다. 남북전쟁 직후부터 제1차 세계대전이 발발하기 직전까지 무려 40여 년 동안 하버드대학교 총상을 지낸 찰스 엘리엇은 신입생들은 물론, 일반적인 미국 시민들의 전반적인 교양 수준이 과거에 비해 많이 하락한 것을 개탄하며 그들이 꼭 읽어봐야 할 책들을 추천하기 시작했다.

그러곤 자신의 집무실에 있던 책장에 교양인이라

면 필수적으로 읽어야 할 고전 작품들을 엄선하여 꽂기 시작했다. 5피트(약 1미터 50센티미터) 남짓한 크기의 책장에 꽂힌 책은 모두 50여 종, 시리즈로 구성된 책들이 포함되어 있어서 권수로는 100권이 훌쩍 넘는 분량이었다. 그 책장에 책을 다 꽂은 엘리엇 총장은 이렇게 말했다고 한다.

> 생계를 위해 하루에 여덟, 아홉 시간씩 일해야 하는 사람들, 특히 어린 시절에 교육 기회가 없었던 사람들, 수년 동안 훌륭한 작품을 읽는 데 하루 몇 분씩이라도 투자하며 교양인의 기준에 도달하려 했던 젊은 남녀들이 '하버드 클래식'을 이용해 주기 바란다.

그렇게 탄생한 것이 바로 총 138권의 '하버드 클래식'이다. 그 책들이 꽂힌 책장 크기에서 따온 별칭으로 '5피트 책장'으로 불린 이 추천 도서들은 하버드 재학생은 물론 미국인들에게 '교양인이 되기 위한 도전'의 상징으로 여겨지며 오랫동안 사랑을 받고 있다.

이 기사를 본 신 중위는 자신의 무릎을 치며 "그래, 바로 이거야!"라고 외쳤다. 그러고는 부대 근처 고물상에서 책장 하나를 3천 원에 구해 왔다. 주말 내내 사포질을 하고 페인트를 칠하니 그럴듯한 책장 하나가 만들어졌다. 그날부터 책을 읽고 다른 이들에게 추천할 만하다 싶은 책이면 메모지에 간단한 줄거리와 자기만의 독서 포인트를 적어 책 사이에 끼운 뒤 책장에 꽂았다. 목표는 책장을 책으로 꽉 채워 자신만의 '클래식'을 만드는 것이었다. 남은 군 복무 기간 동안 얼추 150여 권 정도만 읽으면 목표를 달성할 수 있을 듯했다.

그렇게 1년 반쯤 지났을 무렵, 신 중위는 목표했던 150권을 훌쩍 넘어 250권에 가까운 책을 독파했고, 그중 엄선하여 99권의 책만 '신 Classic' 책장에 꽂아 전역 기념으로 부대에 기증했다. 이후 군대에서 축적된 다방면에 걸친 지식과 텍스트를 읽고 분석하는 능력을 직업에 활용하여 현재 자기 분야에서 승승장구하고 있다.

그는 지금도 자신의 성공 비결에 대해 250여 권의 책을 꼽으며, 단기간에 그토록 많은 책을 읽을 수

분야	구분	책 이름	구분	책 이름
문학	1	돈키호테	2	백 년 동안의 고독
	3	천로역정	4	위대한 개츠비
	5	천일야화	6	분노의 포도
	7	이솝우화	8	악마의 시
	9	파우스트	10	반지의 제왕
	11	신곡	12	인도로 가는 길
	13	일리아스 · 오디세이아	14	보바리 부인
	15	셰익스피어 4대 비극	16	실락원
	17	베오울프	18	누구를 위하여 종은 울리나
	19	전쟁과 평화	20	동물농장
	21	율리시스	22	북회귀선
	23	오만과 편견	24	황무지
	25	캔터베리 이야기	26	허클베리핀의 모험
	27	호밀밭의 파수꾼	28	레미제라블

분야	구분	책 이름	구분	책 이름
문학	29	삼국지연의	30	아큐정전
	31	마의 산	32	이방인
	33	고도를 기다리며	34	양철북
	35	참을 수 없는 존재의 가벼움	36	금각사
	37	난장이가 쏘아올린 작은 공	38	토지
자서전 · 에세이	39	프랭클린 자서전	40	에머슨 에세이 선집
	41	키케로 서한집	42	마오쩌둥 어록
	43	히틀러의 나의 투쟁	44	만델라 자서전
	45	월든		
인문 · 사회	46	변론 · 크리톤 · 파이돈	47	헤로도투스의 역사
	48	국부론	49	자유론
	50	방법서설	51	리바이어던
	52	인간 불평등 기원론	53	군주론
	54	유토피아	55	교육론

분야	구분	책 이름	구분	책 이름
인문 · 사회	56	팡세	57	자본론
	58	미국의 민주주의	59	고용, 이자 및 화폐에 관한 일반이론
	60	풍요한 사회	61	제2차 세계대전
	62	법의 정신	63	사기열전
	64	손자병법	65	정의론
	66	자본주의, 사회주의, 민주주의	67	소유의 종말
	68	서양미술사	69	로마제국 쇠망사
	70	그리스 로마 신화	71	영웅전
종교 · 심리 · 철학	72	논어	73	맹자
	74	95개조 반박문	75	성경
	76	꾸란	77	바가바드 기타
	78	금강삼매경론	79	대학 · 중용
	80	조선불교유신론	81	논리철학논고
	82	꿈의 해석	83	순수이성비판

분야	구분	책 이름	구분	책 이름
	84	명상록	85	수상록
	86	고백록		
과학	87	종의 기원	88	과학혁명의 구조
	89	눈먼 시계공	90	코스모스
	91	엘러건트 유니버스	92	황제내경
	93	링크	94	총, 균, 쇠
	95	불가능은 없다	96	파운데이션 시리즈
단편 시집	97	기탄잘리	98	롤랑의 노래
	99	에반젤린		
기타	100	그해의 베스트셀러		

| 신 모 중위가 현역 시절 작성한 '신 Classic' |

있었던 비법은 뭐니 뭐니 해도 군대라는 특수한 환경
덕분이라고 했다. 그렇다고 그가 군 생활을 대충 설렁
설렁하거나 자신에게 주어진 임무를 등한시한 것도 아

니었다. 다만 군대가 TV 시청, 친구들과의 유흥, 음주 등에 시간을 허비하지 않고 날마다 책을 읽는 시간을 꾸준히 가질 수 있는 환경을 제공해주었기 때문이라고 말한다. 이것이 독서를 하고 싶다는 자신의 의지와 상승작용을 일으키면서 그와 같은 결과를 가져왔다는 것이다.

33

군대에서
책 100권
읽을 수 있다

나 역시 군 입대를 한 뒤 '책 읽기 프로젝트'를 수립했다. 사실 책 읽기 프로젝트는 딱히 군 입대를 하면서 세운 계획은 아니었다.

이미 고등학교, 대학교 시절에도 집중적으로 책을 읽어봐야겠다는 생각은 늘 하고 있었다. 하지만 입대 전 민간인 신분으로 살았던 세상은 독서를 방해하는 것들이 많아도 너무 많았다. 수업에 필요한 과제를 하고 토론·발표 준비, 시험 공부 등을 하다보면 수업을 따라가는 것만으로도 벅찼다. 게다가 스마트폰에서 시시때때로 울리는 카톡 알람과 SNS를 통해 쏟아지는 매력적인 콘텐츠의 홍수 속에서 차분하게 책을 펼쳐 든다는 것은 생각보다 쉬운 일이 아니었다.

시작은 훈련소에서부터였다. 물론 훈련소 생활은 몸이 열두 개라도 모자랄 만큼 빡빡한 훈련의 연속이다. 하지만 그러한 핑계로 책을 멀리한다면 자대 배치를 받고 개인 시간이 주어지거나 휴가와 같은 여유가 생긴다고 해도 책을 들지 않을 것 같았다. 그래서 나는 군 복무를 마칠 때까지 무조건 100권 이상의 책을 읽겠다는 목표를 세우고 읽고 싶은 책을 펴 들고 읽기 시작했다.

물론 처음부터 쉬웠던 것은 아니다. 적응하기 전까지는 인고의 시간이 필요했다. 나의 눈은 책을 읽다가도 어느새 동기가 켜놓은 TV 화면으로 가 있기 일쑤였다. 그래서 우선 쉽게 빠져들어 집중할 수 있는 읽기 쉬운 책, 재미있는 책부터 읽기로 했다. 대단한 책을 읽지 않더라도 한 권이라도 독파하여 내 것으로 만드는 게 중요했다. 그래서 처음 선택한 책은 여행 관련 도서였다. 여행 책을 읽다가 가보고 싶은 곳이 생기면 다이어리에 기록을 남겼다. 그렇게 조금씩 나도 모르는 새 독서하는 습관이 몸에 배기 시작했다.

자대 배치 후에는 훈련 시간을 제외한 개인 정비 시간을 활용하여 책을 읽기 시작했다. 책의 장르 역시 여행서를 벗어나서 각종 인문 교양 서적은 물론 자연과학, 시집, 역사서 등 여러 분야의 다양한 책들로 영역을 넓혀나갔다. 그렇게 조금씩 독서하는 습관이 몸에 배기 시작하자 이후로는 일사천리였다. 진중 도서관에 있는 책들을 다 읽은 뒤에는 휴가나 외박 시에 동기, 선후임들이 사 온 책을 다 읽고 서로 돌려보았다. 입대 전 시간이 없어서 책을 못 읽는다는 핑계는 어느새 잠잠해졌다.

이쯤 되니 이렇게 묻는 이들이 많아졌다.

"도대체 왜 그렇게 열심히 책을 읽는 거니?"

"군대에서 책을 읽어봐야 어디다가 쓸 건데?"

"차라리 수험서나 전공 서적을 읽지, 일반 책들 읽기에는 시간이 좀 아깝지 않아?"

나는 그들에게 이런 이야기를 해주고 싶다. 책을 읽는 그 자체, 그 순간이 주는 행복을 당신도 알았으면 좋겠다고. 물론 군 생활에서 조금 얻어낸 귀한 자투리 시간이니만큼 뭔가 실질적인 도움이 될 수 있는 수험서나 전공 서적을 읽는 것도 좋겠지만, 나는 책 읽는 순간이 좋았다. 그래서 무슨 책을 읽는지는 크게 중요하지 않았다. 군대에 들어와서야 진정한 독서의 즐거움과 기쁨을 알게 된 것이다.

나의 독서 프로젝트는 목표로 했던 100권을 넘어서서 지금까지 현재진행형이다. 그리고 이는 곧 미래진행형으로 바뀔 것이다.

The anger dwells only in the bosom
of fools meaning.

분노는 바보들의 가슴속에서만 살아간다.

— 독일 출신의 과학자이자 노벨 물리학상 수상자 알베르트
아인슈타인

34

군화보다
마음을
닦다

불자가 아니라서 잘은 모르지만, 불교에는 하안거夏安居
와 동안거冬安居라는 기간이 있다고 들었다. 하안거는 음
력 4월 보름부터 7월 보름까지 여름 3개월간 진행하는
것이고, 동안거는 음력 10월 보름부터 이듬해 정월 보
름까지 겨울 3개월간 진행하는 것이라고 한다. 하안거

와 동안거를 일컬어 안거라고 하는데, 이 안거제도는 이미 석가모니 부처 시절부터 활발히 시행되던 제도였다고 한다.

본래 출가한 수행자들은 어느 한곳에 머무는 일 없이 세상의 이곳저곳을 떠돌아다니면서 수행을 하고 부처님의 말씀을 전하는 것이 일이었다.

그런데 불교의 발상지인 인도에서는 우기가 닥치면 길 곳곳이 무너지거나 진창으로 변해 왕래가 힘들어지고 무더운 날씨에 습한 공기까지 뒤섞이면서 병균이 증식할 천혜의 환경이 되곤 했다. 그러면 수행자들이 오히려 떨어져 있는 마을 간에 질병을 옮기는 매개체 역할을 하고 말았다. 또한 개미, 지렁이 등과 같은 온갖 작은 생물들이 길 위로 몰려나와 자칫 불교에서 가장 금기시하는 살생을 저지르기 일쑤였다.

제자들 중 대표 격인 녯녯이 우기가 시작되고 첫 3개월 동안에는 가급적 일정한 장소에 모여 오로지 공부와 수행에만 전념하면 어떻겠느냐고 부처님께 제안했고, 부처님이 이를 받아들이면서 안거제도가 시작되었다.

그런데 이 안거 기간 동안 대부분의 스님들은 자신이 원래 소속되어 있던 사찰이나 암자에 가서 생활하게 되는데, 일부 스님들의 경우에는 이곳을 떠나 새로운 절에 가서 안거에 드는 경우가 있다.

지인의 소개로 몇 번 배움을 얻은 한 스님의 경우가 그랬다. 스님 역시 여름과 겨울 두 번의 안거를 지켜오고 있었다. 동안거의 경우에는 원래 소속된 절의 부속 암자에서 지내는데, 하안거 때는 한 번도 가보지 않은 암자에 찾아 들어가는 경우가 많다고 했다.

그 이유를 묻자, 스님이 답했다.

익숙함이라는 것이 무섭습니다. 익숙한 곳에 있다 보면 편안함을 찾게 되고, 편안함에 젖다보면 생각이 몸의 틀 밖으로 나가지 못합니다. 그러면 결국 늘 하던 온갖 상념에 파묻히게 되지요. 새로운 마음공부를 하는 데는 여러 가지 방법이 있지만, 그중에서도 가장 효과적인 것 하나가 '익숙했던 환경으로부터 결별해보는 것'입니다.

언젠가 듣고 잊어버렸던 그 말씀이 다시 기억난 것은 군 입대 후 가끔 헤어진 여자친구가 생각날 때였다. 그리고 어쩜 지금의 시간이 나에겐 '군안거(軍安居)'일지도 모른다고 생각했다.

35

실연을
이겨낼 수 있는
최고의 시간

입대를 앞두고 여러 가지 준비로 정신없는 가운데서도 가장 신경이 쓰였던 것은 여자친구 문제였다. 평소에도 연락이 서로 잘 안 되는 문제로 자주 다퉜었는데, 연락 수단마저 사라지는 군대에 입대하면 더욱더 마찰이 커질까 봐 고민이 되었다. 결국 둘 다 마음고생 할 바에는 입대하기 전에 관계를 정리하는 것이 서로에게 좋을 것 같다는 생각을 했고, 그런 생각에 여자친구와 헤어졌다.

'사랑하니까 부담 주기 싫어서….'

'좋은 친구로 남기로 했다….'

이런 식으로 포장할 수도 있었지만, 사실 이별을 결심한 순간에는 무척이나 속이 쓰렸다.

군대에 들어와서도 마찬가지였다. 초반에는 여자친구와의 일들이 떠올라 군 생활에 온전히 집중하기가 어려웠다. 그런데 신기한 것은 점점 이 생활에 익숙해져간다는 것이다. 20여 년간 제각각 다른 환경 속에서, 그것도 수십 명이 함께 지내는 단체 생활을 하며 오늘 반드시 해내야만 하는 과업을 부여받아 생활하다 보니 다른 상념에 휩싸일 여유가 생기지 않았다.

그런데 단순히 군 생활이 생각할 여유도 주지 않을 만큼 고되서 그랬던 것만은 아니었다. 주위 사람들의 의견을 들어보니 나뿐 아니라 군대라는 공간, 군인이라는 신분, 군 복무 기간이라는 시간이 어쩌면 젊은 이들에게 잠시나마 일상을 벗어나 생각을 정리할 수 있는, 즉 마음공부를 할 수 있는 최적의 조건이라는 데 동의하고 있었다.

모 사단 산하 연대 군수과에서 2·4종 계원[1]으로 복무했던 김 모 씨는 이른바 '엄친아'였다. 육군사관학교에 합격했으나, 가입교 기간에 자신의 적성에 맞지 않는다는 것을 깨닫고 퇴교, 1년간의 재수 끝에 서울대학교 합격 후 2학년까지 마치고 입대했다. 그런데 그에게는 사실 남모르는 아픔이 하나 있었다. 그의 어머니는 (물론 자식의 앞날을 위해서라고 하셨지만) 조금 유별나게 자녀 교육에 관심이 많은 편이셨다. 문제는 교육뿐만 아니라 자녀의 일거수일투족을 챙기고 간섭하려 한다는 점이었다. 그 도가 지나쳐서 김 모 씨는 학창 시절 내내 특별히 가깝게 지낸 친구가 단 한 명도 없었다. 그로 인한 우울증이 심해져 급기야 자살 시도를 하는 지경까지 되었다. 어머니와 조금 떨어져서 지낼 수 있으리라는 생각에 사관학교에 진학을 시도했지만 그

---

[1] 2종(피복, 장구류)과 4종(건축자재)의 불출, 관리 등을 담당하는 보급병. 이들은 업무도 많지만 부대 내 파워 역시 막강하다.

곳에서도 적응이 쉽지 않았다. 대학 2년 내내 조금이라도 귀가가 늦을라치면 어머니의 전화 세례가 무서워 학교와 집만 왔다 갔다 하는 숨막히는 생활을 하다가 입대한 터였다.

그렇게 어렵게 시작한 군 생활 역시 쉽지 않았다. 나이가 많다는 이유로 나이 어린 선임에게 "아저씨, 이것밖에 못해?" "노인네, 늙어서 힘이 없나?" 등의 비아냥을 들어야 했고, 명문대를 다니다 왔다는 이유만으로 학력이 낮은 선임들에게 "먹물 티 낸다" "아는 척한다"는 타박을 받아야 했다.

그러던 어느 날 보급 창고 정리를 하다가 정비병 작업복을 신청한 것이 생각나 수송부로 내려갔더니 마침 수송관이 혼자 있었다. 보급받은 작업복 두 벌을 사무실에 두고 다시 창고로 올라가려는데 수송관이 "차 나 한잔 마시고 가"라며 붙잡았다. 사무실에 가니 TV에서 봤던 각종 다기구가 갖춰져 있었다. 수송관은 아무 말 없이 차를 따라주었고 그 역시 말없이 차 한 잔을 세 번에 걸쳐 받아 마셨다.

그런데 뭔가 울컥했다. 자신도 모르게 눈물이 나

오는데 슬퍼서 흐르는 눈물인지, 따뜻한 차에 감동을 한 건지, 그것도 아니면 이유 없는 눈물인지 구분을 할 수 없었다. 울고 있는 그를 두고 수송관은 다시 입고한 차량 점검을 하러 정비고로 나갔다.

몇 분이 더 지나서 눈물을 닦고 경례를 한 뒤 올라갈 채비를 마친 그의 등 뒤로 수송관이 외쳤다.

"김 일병! 가끔 차 한잔하러 와라."

물론 그 뒤로 차를 마시러 간 적은 없었다. 그런데 그날 수송부에 다녀온 뒤로 마음속에 큰 변화가 생겼다. 자대 배치 이후에 관물대에 처박아두었던 수양록을 꺼내게 된 것이다. 자대에 와서 본부중대장이 의무적으로 작성하라고 했던 신병 적응기 이후로 아무것도 쓰지 않고 있었다. 내용은 하나같이 어머니에 대한 원망, 배치받은 자대의 위치·시설 등에 대한 불평, 보직에 대한 불만들이었다.

이제는 뭔가 다른 얘기를 적을 수 있지 않을까 싶어 펜을 들었지만 한 글자도 적어 넣을 수가 없었다. 다음 날도 개인 정비 시간에 수양록을 펼쳤다. 생각나는 대로 몇 문장을 적었지만 역시 거기서 끝이었다. 다음

날은 수양록을 꺼내기 전에 취사장 옆에 있는 자판기로 가서 커피 한 잔을 뽑았다. 며칠 전 수송부에 내려갔을 때 수송관이 따라줬던 한 잔의 차를 떠올리며 천천히 한 모금씩 마시기 시작했다. 마음이 차분해지자 떠오르는 생각들을 하나씩 적기 시작했다. 제대로 된 문장을 완성하지 않더라도 단어든 문장이든 자기 마음에 집중해서 쓰다보니 점차 분량이 되는 글들이 만들어졌다.

전역할 때까지 그렇게 쓴 글들이 노트로 6권이나 되었다. 현재 그는 대학을 졸업하고 독일의 한 대학교에서 수리학 박사 과정을 밟고 있다. 어머니와는 여전히 썩 좋은 사이는 아니지만 조금씩 마음에서 미움을 지우는 중이라고 했다. 손으로 글씨를 적다보니 자기 자신의 마음이 하나둘씩 보이기 시작했고 수송관이 차를 따라줬을 때 흘렸던 눈물의 의미를 조금은 알게 되었다고 한다. 그선 '왜 아직까지도 과거에 얽매어 정작 중요한 나의 인생을 낭비하고 있는가?'라는 자책의 눈물이었던 것 같다고.

36

군대는
마음공부에
최적화된 곳이다

나에게도 군대란 마음공부를 하는 데 절호의 기회로
다가왔다. 중국 고전에 '수심사측 인심난측水深可測 人心難
測' 즉 '물속 깊이는 측정이 가능해도, 사람의 마음은 측
정이 불가능하다'라는 말이 있다. 우리 속담에도 비슷
한 말이 있는데, '열 길 물속은 알아도 한 길 사람 속은

모른다'라는 속담이다.

　그런데 여기서의 '사람'은 다른 사람을 말한다. 다른 사람의 마음을 헤아리는 것이 그 정도로 어렵다는 뜻이다. 그러면 내 마음을 헤아리는 것은 어떨까? 다른 사람의 마음을 이해하고 헤아리는 것보다 쉬울까? 적어도 난 그렇지 않다고 본다. 남의 속을 헤아리는 것만큼이나 아니 어떤 때는 그 이상으로 어려운 것이 자기 자신의 마음을 살피고 이해하는 것이다.

　마음이라는 것이 신기해서 본인 스스로도 왜 그렇게 생각하는지 이유도 모른 채 마음이 결정하는 것에 따라 움직이는 경우가 흔하다. 여기에는 여러 이유가 있겠지만 천천히 자기 자신의 마음의 소리에 귀를 기울일 여유가 부족했기 때문이다.

　우리가 사는 하루를 생각해보면 아무것도 하지 않고 조용히 생각에 잠길 수 있는 시간은 매우 적거나 혹은 아예 없다. 늘 누군가와 대화하거나 무엇을 보거나 듣고, 그렇지 않은 시간에는 스마트폰을 끊임없이 들여다보느라 정작 내 목소리에 귀 기울여 이에 대해 생각해보고 스스로를 이해하려는 시도는 거의 전무하다.

그런데 군 입대를 하면 상황이 달라진다. 우선 일상생활에서 자극을 주었던 수많은 것들이 모두 사라져버린다. 최근에는 제한적인 사용이 가능해지기는 했지만 일단 군 복무 기간에는 우리 삶의 상당 부분을 차지했던 PC와 스마트폰이 사라진다.

그뿐만이 아니다. 맑은 정신을 유지하는 데 방해가 되었던 과도한 음주도 불가능해지고, 습관적으로 켜둔 TV도 정해진 시간에만 시청이 가능하도록 바뀐다. 말 그대로 외부의 자극에서 벗어나 내면에 집중할 수 있는 절호의 환경이 조성되는 것이다.

게다가 누구든 익숙한 환경에서 벗어나면 스스로에 대해 한 발자국 떨어져 생각해볼 기회가 생긴다. 그럼 그전에는 보이지 않던 것들이 보이고, 생각하지 못했던 것들이 떠오르기도 한다. '익숙함으로부터의 결별'은 그 자체로 마음공부를 하기에 최적의 장소가 되어주는데, 좋은 의미로든 나쁜 의미로든 우리가 어떻게 마음먹느냐에 따라 군대는 우리에게 최적의 마음공부 장소가 되는 것이다.

감사하게도 나는 이제껏 무난하게 살아온 편이기

에 마음공부를 할 생각도, 그럴 기회를 만들어보려는 생각도 못 하며 살아왔다. 그래서 나 같은 사람한테는 마음공부라는 것이 필요 없다고 생각하며 살아온 것이 사실이다.

그러나 마음을 닦는다는 것이 종교적 수행의 의미가 아니라, 외부의 시끄러운 환경에 떠밀리듯 살아온 자신을 돌아보아 마음의 소리에 귀를 기울여보는 것이라면 그 의미가 조금은 편하게 다가올 것이다. 이제 막 인생을 시작하는 나이에 이제까지의 삶을 정리하고 앞으로의 삶을 계획해보는 시간을 가지는 것은, 10년, 20년 후 목표가 어딘지도 모른 채 무작정 달려가는 사람과는 어마어마한 차이를 만들어낼 것이다.

군 생활을 하며 나는 내 인생의 지도를 다시 한 번 그려보았다. 이제까지 당연시해왔던 무난한 성장 환경에 감사하게 되었고, 내가 선택한 전공과 앞으로의 인생 행로들을 어떻게 그려나가야 될지 생각하게 되었다. 그리고 이제 그 그림을 어느 정도 완성시킨 듯하다.

A wise man should consider that health is the greatest of human blessings.

현명한 자는 건강을
인생의 가장 큰 축복으로 여긴다.

— 그리스의 의사이자 의학의 아버지 히포크라테스

37

군대에서
몸 만들기

19살 김 모 씨는 195센티미터의 키에 125킬로그램의 거구였다. 과다 체중으로 2009년 징병 검사에서 3급 현역 판정을 받았다고 한다. 이후 군 입대를 앞두고 연이은 술자리로 과식과 음주가 계속되면서, 2010년 4월 논산 육군훈련소로 입대할 무렵에는 체중이 160킬로그램까지 늘어났다. 재검 신청만 하면 충분히 4급 보충역 판정을 받을 수 있었다. 체중이 늘어나면서 급격히 무너져버린 신체 밸런스와 건강 상태까지 고려한다면 면제 판정까지도 충분히 가능한 상태였다.

하지만 그는 현역 복무를 간절히 희망했다. 몸에 대해서는 어느 정도 자포자기하며 살아왔는데, 규칙적인 훈련과 생활이 이어지는 군에서 뭔가 변화의 계기를 찾을 수 있지 않을까 하는 기대에서였다. 결국 그는 자신의 바람대로 입대하여 훈련소 기초 훈련을 수료하고 자대 배치를 받을 수 있었다.

육군 제3기갑여단 정비근무대에 배치될 무렵 그의 체중은 150킬로그램이었다. 난생처음 받아보는 혹독한 군사훈련에 그의 체중은 10킬로그램가량 줄어들어 있었다. 하지만 여전히 최대 사이즈의 전투복을 입고서도 허리 단추를 잠글 수가 없어 허리띠로만 겨우 고정시켰고, 탄띠 2개를 클립으로 엮어서 사용해야 했다.

그의 인생이 뒤바뀐 것은 부대 행정보급관인 박모 상사를 만나게 되면서부터였다.

"이대로 살다가는 제 몸을 제가 감당 못 해 죽을

수도 있다는 공포감이 들었습니다.”

“살을 빼고 싶습니다. 살기 위해서라도 살을 빼고 싶습니다.”

진솔한 눈빛의 그를 보고 박 상사는 기꺼이 자신이 그의 매니저 겸 트레이너가 되겠다고 자청했다. 가장 먼저 신경 쓴 것은 식사량이었다. 부대에서의 생활이라는 것이 일부 행정병들의 업무를 제외하면 대부분 몸을 써야 하는 일이 많아 열량 소비가 많았다.

따라서 자연스럽게 입맛이 당기는 대로 식사를 하다보면 과식을 하기 마련이었다. 박 상사는 그에게 평상시 먹는 양의 3분의 2 정도만 배식을 받아 천천히, 아주 천천히 식사를 하도록 했다. 포만감이 배에서 뇌로 전달되는 속도에 맞춰 식사를 해서 과식을 막기 위한 방편이었다.

그에 더해 지금은 부대빵을 따 ○○마트로 불리는 PX 이용을 주1회로 제한하기로 약속했다. 열량 과다 섭취의 주범인 간식, 특히 당분과 기름기가 많은 음식물을 가능한 한 줄이기 위한 방편이었다. 아무리 음식 섭취를 줄인다고 하지만 100킬로그램이 넘는 몸에서 요구하는 기본적인 열량이 있었다. 시간이 흐르자 당장 몸 이곳저곳에서 신호를 보내기 시작했다. 그러나 그는 단호하게 버텼고, 몇 차례 고비는 있었지만 식이조절은 어느 정도 성공을 거두고 있었다.

다음 단계는 운동을 통해 본격적으로 체중을 감량하고 근육량을 늘려 기초대사량을 높이는 일이었다. 매일 아침 점호 시 2킬로미터씩 달리는 구보는 큰 도움이 되었다. 2킬로미터면 큰 운동장 다섯 바퀴 도는 정도밖에 안 되지만 거대한 몸집의 그에게는 어마어마한 에너지가 필요한 거리였다. 입대하지 않은 민간인 신분이었다면 몇백 미터도 가지 못하고 그대로 주저앉아버렸을 것이었다.

하지만 군인이라는 신분이 주는 긴장감과 늘 함께 달리는 전우들 덕에 그는 어렵사리 날마다 2킬로미터의 구보를 마칠 수 있었다. 그런데 놀라운 일이 일어났다. 규직적인 생활 습관에 적당한 식이 습관, 거기에 구보까지 덧붙여지자 그의 체중이 눈에 띄게 줄어든 것이었다. 덕분에 그토록 힘겨웠던 아침 구보도 어느 때부터인가 즐겁게 완주할 수 있는 수준이 되었고, 심지어 오후 일과를 마치고 난 이후에는 자발적으로 3킬로미터 구보를 실시했다.

그동안에는 축구 시합을 한다고 하면 운동장 밖에 앉아 응원이나 하던 신세였는데, 체중이 줄고 몸 상태에 자신감이 붙기 시작하자 선수로 뛰는 경우가 생겨났다.

결국 입대 1년 만에 입대 무렵보다 무려 50킬로그램 넘게 감량하여 108킬로그램까지 체중을 줄였고, 이후 남은 1년간의 군 생활 목표를 90킬로그램까지 감량하는 것으로 잡았다. 불가능하게만 보였던 근육질 사나이로 변신하는 것이 현실로 다가왔고 수많은 병사들의 로망인 특급전사 선발에 도전하여 특급전사 타이틀을 따낸다는 꿈도 갖게 되었다.

그의 사연은 일간지와 공중파 방송에까지 소개되어 수많은 입대 대기자 및 현역 병사들에게 긍정적인 동기부여가 되어주었다.

군대 가기 전엔 미처 몰랐던 49가지

38

최고의
몸짱 군인에
도전하다

앞서 예를 든 김 모 씨처럼 비만이거나 과체중은 아니었지만, 나 역시 고등학교 입학 이후 책상 앞에 앉아 있는 시간이 점차 늘어나다보니 전반적으로 체중이 불어 있는 상태였다. 물론 대학교 입학을 앞두고 집중적으로 운동을 해서 외모를 가꿔보려고 했지만, 입학 후 이런저런 술자리 참여가 늘어났고 내게 운동은 '내일' 또는 '내년'과 동의어 취급을 당하고 있었다.

입대 이후로도 꾸준한 운동을 하기 위한 절실함과 확실한 동기부여가 필요했지만, 군 생활 초반에는 쉽지 않았다. 여러 가지 잡생각을 떨쳐버리고 군 생활의 활력을 찾기 위해서라도 무언가 육체적인 활동이 필요했는데 막상 어떤 운동부터 시작해야 할지 감이 오지 않았다.

그때 문득 고등학교 시절 잠시 마라톤 팀에서 활동했던 기억이 떠올랐다. 장시간 트랙이나 도로를 달리고 나면 심장이 터질 것처럼 힘들었지만 정신적으로는 맑아지는 느낌이었다. 일단 무조건 유산소운동인 러닝을 매일 한 시간씩 꾸준히 하기로 했다.

처음 한 달간은 쉽지 않았다. 갑자기 안 하던 운동을 하려니 운동을 시도하려고 하면 꼭 탈이 나거나 몸에서 이상 신호를 보내기 시작했다. 그럴 때면 조급해하지 않고 무리하지 않는 선에서 운동량을 조절하며 몸을 길들이기 시작했다. 시간이 지나고 운동이 점점 몸에 익숙해지면서 빈도와 강도를 동시에 늘려나갔다.

자연스레 운동이 익숙해지자 새로운 욕심이 생기기 시작했다. 그저 건강을 위해 운동하는 것을 넘어서 제대로 한번 몸을 만들어보고 싶다는 욕심이 생긴 것이다.

규칙적인 유산소운동을 통해 체지방 감량에 성공한 뒤에는 단백질 셰이크를 마시면서 근육을 키워나갔다. 사실 유산소운동보다 근육을 만들고 형태를 잡아나가는 운동이 고된 노력과 끈기, 고통의 극복을 요구하는 더 지난한 과정이다. 그렇기 때문에 혼자 하다가는 자칫 운동 자체에 재미를 잃고 포기해버리는 경우도 많이 생긴다.

이럴 때 군대라는 폐쇄된 공간이 도움이 된다. 대부분의 시간을 함께 생활하는 동료들과만 지내다 보니 운동 역시 늘 그들과 함께 할 수밖에 없는데, 그러다 보면 개인 운동을 마치 축구나 야구를 하는 것처럼 한 팀같이 히게 된다.

'오늘 하루만 운동을 건너뛰고 TV나 볼까?'라는 게으른 생각이 들다가도 어떻게 알았는지 함께 운동을 하던 후임이 운동하러 가자고 나를 보챘다. 나 역시 농땡이를 치려는 동기나 선후임을 여러 번 헬스장으로 몰고 간 적이 있었다.

　그렇게 1년 가까이 꾸준하게 운동을 했더니 몸에 변화가 생기기 시작했다. 몸의 중심축을 잡아주는 코어 Core 운동은 복근을 만들어주었다. 의자에 장시간 앉아 공부를 하다보면 허리가 뻐근해져서 금세 힘들었지만, 운동을 체질화한 이후로는 아무리 오랫동안 앉아 있어도 허리나 엉덩이가 가볍게 느껴졌다. 복부가 탄탄해지니 배에 힘이 들어가고, 군대에서 발성 연습까지 함께 하니 목소리에 힘이 실렸다. 말소리가 좀 더 남자답고 믿음직해졌다는 소리까지 듣게 되었다.

　여기서 한 발 더 나가기로 했다. 이런 긍정적인 효과를 나 혼자만 즐기기는 싫었기 때문이다. 마음에 맞는 선임과 함께 동료 장병들을 위한 '다이어트 프로젝트'를 진행하기로 했다. 체중 감량을 목표로 하는 지원자들을 받아 두 달 동안 힘께 운동하고 식이요법을 병행하는 프로그램을 진행했다. 우선 과체중으로 고민하는 동료들 위주로 선발했고, 반드시 지켜야 할 규칙들을 함께 작성했다. 주로 식사 등의 생활 습관과 운동 참여 횟수 등에 대한 내용들이었다.

결과부터 이야기하자면, 프로젝트는 대성공이었다. 물론 몇몇 동료들은 여러 가지 이유로 중도에 이탈했지만, 대부분의 동료들은 끝까지 함께 정한 규칙들에 따르고, 운동 프로그램에도 적극적으로 참여해주었다.

운동이나 다이어트 같은 것들은 혼자 하면 지루하고 괴로워서 중도에 포기하게 되는 것이 일반적이었지만, 24시간 붙어사는 동료들과 함께하니 그렇지가 않았다. 서로에 대한 격려와 감시 속에 식이요법과 운동 프로그램이 잘 지켜졌고, 나중에는 감량 경쟁이 붙어서 틈만 나면 서로 조금이라도 더 운동을 하려고 했다.

39

군대 내
운동 시설
백배 활용하기

앞서 말했듯이 군대는 사회와 동떨어진 곳이다. 즉, 사회에 있었던 유혹들이 다 차단되는 것이다. 이 기회를 활용해 5대 영양소를 고루 갖춘 식사를 규칙적으로 하면서 운동을 사랑하면 된다. 거기다 체력의 한계를 시험하는 훈련들과 주변의 몸 좋은 선후임들이 자극제가 되어 건강한 몸을 가질 수 있는 완벽한 환경이 조성된다.

앞서 예를 든 사례들은 대부분 체중 감량과 관련된 것들인데 군 생활을 하다보면 체력 단련을 해야 하는 이유는 이외에도 더 있다.

속한 부대나 보직에 따라 다르겠지만 때로는 혹서와 혹한 등 민간 사회와는 전혀 다른 기후를 겪어야 하고, 텐트를 치고 야외에서 숙식을 해결해야 하는 경우도 생긴다. 또한 단체 생활을 하다보면 아무리 부대 차원에서 위생과 방역에 신경을 쓴다고 하더라도 전염병에 노출될 위험이 크다.

결국 믿고 의지할 것은 본인의 체력과 면역력인데 그를 기르는 데 가장 효과적인 방법은 체력을 단련해 근력을 기르고 내장 기관을 튼튼하게 하는 것이다.

일단 기초 체력은 군 표준 일과표만 잘 따라가도 만들고 지킬 수 있다. 아침에 일어나 상의를 탈의하고 짧게는 몇백 미터에서 길게는 몇 킬로미터씩 구보를 한다. 부대 여건에 따라 조금씩 다르긴 하지만 평일 중 하루를 '전투체육의 날'로 정해, 오후 일과 시간 전체를

체육 활동에 할애하거나 특별한 일이 없는 휴일에는 당직 간부의 관리 감독하에 구기 운동을 즐길 수 있다.

이 정도 체육 활동만으로 부족하다 싶으면 저녁 식사 전후 개인 정비 시간을 활용하여 별도의 운동을 할 수 있다. 각급 부대에서는 부대 여건과 주둔지 사정에 따라 축구 경기가 가능한 운동장과 농구장, 탁구장이나 당구장 등 실내 구기 종목을 위한 공간을 보유하고 있다. 또한 계획적으로 몸을 키워볼 수 있는 덤벨과 바벨 등이 갖춰진 웨이트트레이닝 시설도 있다.

이를 활용하여 평상시 단련하지 못했던 근육을 단련시키거나 순발력, 지구력 등의 운동 능력을 향상시킬 수 있다. 나 역시 이런 시간과 기회들을 활용하여 원하는 몸을 만들 수 있었다.

언젠가 안보 강연에서 한 노병이 이런 말을 한 적이 있다.

"아무리 현대전의 승패가 '무기의 우수성이 좌우한다' '정보전에서 승리한 자가 이긴다'라고 하지만 전쟁의 최종 승리를 판가름하는 것은 보병이 적군의 심장부에 들어가 우리의 깃발을 올리느냐 마느냐에 달려

있습니다. 결국 장병 여러분의 체력과 정신력이 전쟁의 승패를 좌우합니다."

군 당국 역시 이러한 견해에 전적으로 동감하고 있기에 적어도 장병 체력 단련을 위한 시간, 시설, 제도 차원의 배려에 최우선적으로 관심을 기울이고 있다. 적어도 군대에서만큼은 "OOO해서 운동을 하지 못했습니다"라는 말은 100퍼센트 핑계인 셈이다. 자, 이왕 군대 온 김에 운동을 시작하자!

少くして学べば,
則ち壮にして為すことあり,
壮にして学べば, 則ち老いて衰えず,
老いて学べば, 則ち死して朽ちず.

소년 시절에 배워두면 장년 시절에 유용하고,
장년 시절에 배워두면 늙어도 쇠하지 아니하며,
늙어서 배워두면 죽어서도
썩어 없어지지 않는다.

― 일본 유학의 태두이자 철학자 사토 잇사이

40

군대는
우수한
교육기관이다

현재 미국 사회를 지탱하는 수정헌법의 조항 중 14조
는 미국인들이 특히 좋아하는 헌법 조항이자, 미국 사
회 전반에 큰 영향을 미치는 조항이다.

1866년 6월 13일에 제안 발의되어 그로부터 2
년 뒤인 1868년 7월 9일에 비준된 이 조항은 미국 시민으로서의 신분에 대한 광범위한 정의가 포함되어 있으며, 특히 국가가 개인을 대하는 데서 적법한 절차를 밟아야 함과 모든 미국민은 평등권을 보장받아야 함을 밝혀놓았다.

다른 주제이긴 하지만 우리나라에서 미국으로 원정출산을 떠나 현지에서 낳은 아이가 부모의 국적과 상관없이 미국 시민으로 보호받을 수 있게 된 법률적 근거 역시 바로 이 수정헌법 14조에 의거한다.

그런데 수십 년 전 수정헌법 14조에 위배되는 것으로 여겨졌던 주정부 규정이 폐지되기는커녕 오히려 헌법 개정 논란을 불러일으키는 사건이 일어났다.

사건의 발단은 매사추세츠 주에 사는 피니라는 여성이 미연방 지방법원에 매사추세츠 주의 법률이 위헌이라는 심판을 제청하면서부터였디.

피니는 여러 차례 주정부 공무원 선발 시험에 응시하여 1971년도에는 2위, 1973년도에는 3위라는 우수한 성적을 거두었음에도 불구하고 계속해서 전역 장병 출신에 밀려 임용되지 못했다. 피니는 주정부가 공무원 선발 및 임용 시험을 진행하는 데서 군필자에게

우선권을 부여하는 것은 미국 시민의 평등권을 보장한 수정헌법 14조를 정면으로 위배한 위헌이라고 주장했다. 1심법원에서는 그녀의 주장이 받아들여져 위헌 판정이 났고, 주정부가 상고하여 연방최고법원이 판결을 내리게 되었다.

이때의 연방최고법원 판결이 지금까지도 미국은 물론 수많은 국가에서 '군이 사회에 어떠한 역할을 하며, 군 복무를 한 이들은 어떤 인간으로 육성이 되며, 국가와 사회는 그들을 위해 어떠한 혜택을 베풀고, 그들을 어떻게 활용해야 하는지'를 밝혀놓은 명문으로 남아 있다. 미 연방최고법원의 판례 첫 줄은 다음과 같았다.

The veterans' hiring preference in Massachusetts, as in other jurisdictions, has traditionally been justified as a measure designed to reward veterans for the sacrifice of military service, to ease the transition from military service to civilian life, to encourage patriotic service, and to attract loyal and well-disciplined people to civil service occupations.

군필자들에 대한 고용우선권은 군필자들의 군 복무의 희생에 대한 보상, 제대 후 사회생활로의 복귀를 위한 편의, 애국적 임무 수행의 조장 및 충성스럽고 규율 있는 인력들을 주정부 공무원으로 유도하기 위하여 고안된 방안으로서 전통적으로 정당화되어왔다.

즉, 국가와 사회를 유지하는 방편으로 군필자에 대한 예우를 해주는 차원에서 고용우선권(또는 가산점 등)을 부여하는 것은 평등권을 보장한 헌법에 위배되지 않는다는 점을 밝힌 것이다. 동시에 이후 판례에서도 재차 설명하지만, 군내에서 훈련받고 육성된 인재가 주정부 공무원으로 활용하는 데 크게 도움이 된다는 점은 '우수한 인재를 뽑기 위해 군필자를 우대했다'는 주정부의 공무원 선발 방침이 위헌이 아님을 재확인한 것이다. 그리고 군대라는 곳이 매우 우수한 교육기관이라는 점을 미국은 물론 서방 사회 전체에 알리는 계기가 되었다.

실제로 서양에서는 과거 그리스 로마 시절부터 군대를 최고의 교육기관으로 활용해왔으며, 군대를 다녀온 자만 사회에서 인정을 받을 수 있었다.

1959년 출간된 밀리터리 공상과학소설의 전설이자 원조 격인 『스타십 트루퍼스Starship Troopers』를 보면, 병사들이 입대를 하고 전쟁터에 나서는 이유가 시민권을 취득하여 사회의 온전한 구성원으로 대접받기 위해서라고 답하는 장면이 등장한다. 이미 그리스 로마 시절부터 서양인들의 정서에 면면히 흘러 내려온 군대에 대한 생각이 담겨 있는 장면이라고 하겠다.

우리나라 역시 오래전부터 부대 내에 여러 가지 학습 시설, 제도, 지원 인력 등을 배치하고 군대가 국민 역량 강화 및 청년들의 자기개발의 본산이 될 수 있도록 많은 노력을 기울여왔다.

실제로 1970년대에는 군대가 체력을 증진시키고 문맹률을 낮추며 위생과 건강 관리 의식을 학습시키는 장으로 활용되었다. 또 1980~1990년대에는 운전이나 기계 장비 관련 자격증을 취득해 전역 후 생계를 대비하거나, 검정고시 등을 준비해 학력 수준을 높이는 기회를 제공하는 장으로 활용되었다.

2000년대에 접어들어 더 높아진 장병들의 눈높이와 다양해진 학습 욕구에 발맞춰 각 군은 부대 내에 다양한 교육기관, 시설, 제도 등을 마련하여 자기개발에 목말라하는 장병들을 기다리고 있다.

41

학점도
얼마든지
딸 수 있다

앞서 설명했듯이 과거의 우리 군이나 다른 나라의 군
모두 공부의 기회를 마련하고 다양한 지원을 아끼지
않고 해왔다. 게다가 최근 들어 우리 군의 일반 병사
대상 학습 지원 시스템이나 프로그램 등은 다른 나라
어느 군과 비교해봐도 전혀 손색이 없을 만큼 정교하

고 다양해졌다. 이런 배경에는 전 세계에서 가장 발달했다는 평가를 받는 우리나라의 정보통신기술 덕이 크다. IT 기술과의 유기적인 접목은 군대에서도 민간인과 다를 바 없는 학습 환경을 조성할 수 있게 해주었다. 대표적인 학습 방법은 '대학 원격강좌 수강 제도' '학점 인정 제도' 'e-러닝 제도' 등이다.

대학 원격강좌 수강 제도

대학 재학 이상의 학력자가 입영할 경우, 복무 기간 동안에는 어쩔 수 없이 학업을 중단하게 된다. 이전까지는 당연하게 생각했지만 이제는 대학 원격강좌 수강 제도를 활용하면 된다. 이는 학업의 중단으로 인한 학습 공백을 막고, 면제 등의 이유로 군 입대를 하지 않은 또래 학생들과의 형평성을 보장해준다.

부대 내 설치된 사이버 지식정보방을 활용하여, 군 입대 전후는 물론 복무 기간 중 수시로 방문하게 될 '나라사랑포털www.narasarang.or.kr'에 이용 방법이 자세히 나와 있다.

자신이 다니던 대학의 강좌 개설 여부를 미리 확

인한 뒤 인터넷을 활용해 해당 강좌를 원격으로 수강하면 소정의 확인 절차를 거쳐 학점을 취득할 수가 있다. 2월 말에서 3월까지 1학기, 8월에서 9월 사이에 2학기 수강 신청을 받는다. 수강료는 학교마다 조금씩 차이가 있기는 하지만, 대략적으로 국립대 5만 원, 사립대는 15만 원 선이다. 시험은 재학생 시절과 마찬가지로 중간 및 기말고사를 치러야 하는데, 이 또한 인터넷으로 치를 수가 있다. 취득 가능한 학점은 학기당 6학점 이내이다. 현재 전국 120여 개 대학 3,500여 개의 강좌가 개설되어 있는데 향후 더 많은 학교, 강좌로 확대될 예정이다.

학점 인정 제도

훈련소를 마치고 후반기 교육을 받을 때나, 복무 중에 담당 임무에 따라 집체 보수 교육을 각 병과학교에서 받게 된다. 이처럼 군 교육기관의 교육 훈련 과정 중 평가 인정을 받은 과정을 이수하면 관련 학과 또는 수업의 학점으로 인정해주는 제도이다.

절차는 군 교육기관에서 평가 인정 과정을 수료

한 뒤 평생교육진흥원에 교육 결과를 제출하고 학점 인정을 신청하면 학점 인정 증명서를 발부해준다. 이를 향후에 입대 전 본인이 다니던 대학에 제출을 하면 이를 대학 학점으로 전환·인정해주는 방식이다.

2015년 8월 기준 우리나라 전체 대학 396개교의 약 46퍼센트인 180여 개 대학에서 군 교육기관 수료자 대상으로 학점을 인정해주고 있다. 제도의 취지에 공감하는 대학이 많아지는 추세라 참여 대학의 숫자는 더욱더 많아질 전망이다.

e-러닝 제도

방글라데시 이민자 가정에서 태어나 MIT에서 수학 학사와 컴퓨터공학 석사 학위를 취득한 살만 칸은, 2004년 수학 공부에 어려움을 겪는 조카 니디아에게 직접 찍은 인터넷 동영상과 채닝 프로그램 등을 활용하여 과외를 해줬다. 그때의 경험을 바탕으로 그는 2009년 다니던 직장을 그만두고 '칸 아카데미Khan Academy'를 설립했다. 이곳을 통해 나디아에게 해줬던 것과 같은 방식으로 전 세계의 수많은 학생들에게 공부를 가르쳐

주었다.

이듬해 구글은 '프로젝트 10의 100승 Project 10 to the 100' 행사를 통해 칸 아카데미를 '세상을 바꿀 5대 아이디어 중 하나'로 선정했다. 빌 게이츠는 칸 아카데미에 직접 거액을 투자함으로써 살만 칸의 생각과 아이디어가 옳다는 데 지지를 표명했다.

몇 년 전만 해도 일부 최첨단을 달리는 이들 사이에서만 유행할 거라고 생각했던 e-러닝이 이제는 하나의 대세가 되어 우리 군 내부에까지 들어와 있다. e-러닝은 비록 대학 학점을 인정해주는 제도는 아니지만, 순수한 자기개발 목적으로 배움을 얻으려 하는 장병들에게는 최고의 학습 방법이다.

역시 '나라사랑포털'에 접속해 e-러닝 회원으로 등록한 뒤 소정의 절차를 거쳐 이용하면 된다. 영어, 중국어를 포함한 각종 외국어 학습, 각종 자격 및 면허 취득을 위한 학습, 졸업 자격증 취득을 위한 검정고시 대비 학습은 물론, 다양한 취미 분야에 대한 교양 강좌까지 8,000여 개가 넘는 강좌들이 제공된다.

5

인생의
터닝포인트 만들기

5장

Time will explain it all. He is a talker, and needs no questioning before he speaks.

시간이 모든 것을 말해준다.
시간은 묻지 않아도 말을 해주는 수다쟁이다.

— 그리스의 철학자이자 비극 시인 에우리피데스

42

뚜렷한 목표의식과
도전정신이
마법을 부린다

많은 사람들이 군대에서 자기개발에 성공하는데도 내부분의 사람들은 이렇게 말한다.

"훈련에 작업에 도대체가 여유가 나지 않아."

"야, 군 생활이 얼마나 고된데 틈만 나면 쉬어야지, 그럴 시간이 어디 있니?"

"군대에서 자기개발? 한가한 소리 하고 있네."

과연 그럴까?

그런데 한 가지 재미있는 사실은 위와 같은 말들을 입에 달고 사는 사람일수록 실제 생활에서는 시간을 어디에 사용해야 할지 몰라서 허둥대다 놓쳐버리는 일이 많다는 점이다. 심지어 이런 사람 중에는 일반적으로 살아가는 사람들보다 시간을 아깝게 허비하는 경우가 더 흔하다.

왜 그럴까? 이런 사람일수록 시간을 어떻게 활용해야 할지 방법을 모른다. 그렇다 보니 엉뚱한 곳에서 시간을 허비하고 정작 필요한 일에는 시간을 적게 배정해 비효율적으로 하루를 흘려보내는 경우가 대다수인 것이다. 어쩌다 추가로 시간이 주어지더라도 그 또한 어떻게 사용해야 할지 잘 몰라 부담으로 느끼고 그렇게 또 허둥데디보면 결국 시간은 다 흘러가버리기 마련이다.

군대에서도 그런 사람들을 많이 본다.

북한을 제외한 국가 중 인구 대비 군인의 숫자가 두 번째로 많은 국가는 이스라엘 이다. 600만 명밖에

되지 않는 국가가 다 합치면 1억 명을 거뜬히 넘는 인구를 자랑하는 아랍의 적대 국가들에 둘러싸여 있다. 그렇다 보니 남성은 물론 여성까지 의무 복무를 해야 한다. 복무 기간도 남성은 3년, 여성은 18개월에 이른다. 물론 휴가나 외박 규정 등에서 우리나라의 군 생활보다는 조금은 자유로운 부분도 있다.

하지만 수시로 아랍 극단주의 세력에 의한 테러와 기습적인 국지전이 발발하는 나라의 특성상 외박을 나갈 때조차 실탄으로 꽉 채운 소총을 소지하고 나가야 할 정도이다. 그만큼 정신적으로는 더욱 삼엄하고 긴장감의 연속인 생활을 해야 한다는 뜻이다.

그럼에도 불구하고 이스라엘 장병들은 군 생활에 대한 만족도가 매우 높고, 부대 내에서 군기 사고를 일으키는 비율이 전 세계에서 유례를 찾기 힘들 만큼 극도로 낮다. 단순히 이스라엘인들이 종교적 통일성, 선민의식을 바탕으로 한 민족과 국가에 대한 애정과 충

---

5 1위는 독립한 지 30년이 안 되어 국가 체계가 잡히지 않은 아프리카의 에리트레아지만, 실질적 인구 대비 군인이 가장 많은 국가는 이스라엘이다.

성심이 높아서라고 하기에는 설명이 부족하다. 그러다 최근 들어 군 입대 전 이스라엘 청년들의 모습을 통해 답이 밝혀졌다.

이스라엘 청년들은 통상적으로 18세가 되면 입대를 하게 되는데, 입대하기 상당히 오래전부터 어떤 목표를 가지고 군대에 들어가서 어떻게 달라진 모습으로 돌아올 것인지에 대해 고민한다고 한다. 가족들은 함께 고민해주고 목표가 세워지면 군 생활 내내 그 목표를 이룰 수 있도록 응원하고 지지를 보내준다고.

이스라엘 청년들 역시 우리 못지않게 고된 군 생활을 하고 있다. 그것도 우리보다 훨씬 더 길게 말이다. 그럼에도 그들에겐 분명한 목표가 있기에, 계획적인 군 생활을 통해 다양한 자기개발 활동을 누리고 있다.

그럼 그들은 자기개발 시간을 어떻게 만들어냈을까? 훈련에 작업에 어떻게 시간을 냈을까? 군 생활이 얼마나 고된데 군대에서의 자기개발은 그들에게는 한가한 소리가 아니었을까?

그에 대한 답은 이렇게 말할 수 있을 것 같다.

군대에서는 절실한 사람에게만 보이는 '신기한

시간'이 있다고.

　누구에게나 똑같이 24시간이 주어지고, 같은 부대원들은 모두 동일한 일과표에 따라 먹고 훈련하고 잠들어야 한다. 그런데 뚜렷한 목표의식과 절실하게 바라는 것과 도전정신이 있는 사람에게만 보이는 신기한 시간이 있다. 이제부터 내가 발견한 그 신기한 시간에 대한 이야기를 해볼까 한다.

43

자투리 시간과의
싸움에서
승리하라

군 생활을 하며 날마다의 일과에서 자기개발을 할 수 있는 시간은 크게 두 번이 있다.

한 번은 하루 일과가 끝나고 저녁 점호 이전까지 주어지는 '개인 정비 시간'이다. 두 번째는 부대마다 조금씩 차이는 있지만 22시 정각 저녁 점호 이후, 당직 간부의 재량하에 다음 날 훈련에 지장을 주지 않는 범위 내에서 주어지는 '학습 연등[6] 시간'이다.

그러나 조금만 더 살펴보면 더욱 많은 빈 시간들을 확보할 수 있다. 군 생활을 보람되게 보내기 위해서는 반드시 놓치지 말아야 하는 시간인 '자투리 시간'이다.

나는 군 복무 기간 동안 도전하고 싶은 것들을 충분히 생각해보고 입대를 했다. 그런데 막상 육군훈련소에서의 기초군사훈련과 기동경찰교육훈련센터에서 의경 교육을 받으며 빡빡하게 짜인 일과를 경험한 뒤로는 자신감이 사라지고 말았다.

과연 입대 전 세운 목표를 이룰 수 있을지 현실적으로 불가능하게 느껴졌다. '자유로운 대학생 신분에서도 잘하지 못했던 자기개발을 군 생활이라는 시기 동안 잘해낼 수 있을까?' '이리다가 군 복무와 자기개발 모두 놓치는 생활을 하게 되는 건 아닐까?' 하는 염려가 들었다.

---

6 취침 시간을 연장해주는 것

그런 걱정 속에 자대 배치를 받고 자대 일과표에 대한 설명을 듣는 순간, 희미한 희망의 빛이 보이기 시작했다. 개인 정비 시간과 학습 연등 시간 그리고 아침, 점심, 저녁 세끼 식사를 하고 난 다음 일과가 시작하기 전까지의 자투리 시간까지 모두 합친다면, 하루에 족히 4시간 이상은 온전히 나를 위해 투자할 수 있겠다는 생각이 들었다.

다시금 마음속에 품고 있었던 '나의 군 생활은 내가 선택하겠다' '군 복무 기간 동안 한 단계 업그레이드 된 또 다른 양서우를 만들어서 나가겠다' '나는 할 수 있다'는 꿈이 실현 가능할 수 있다는 생각이 들면서 어느새 횃불과도 같은 열정이 피어나기 시작했다.

이때가 바로 그 '신기한 시간'이 생겨나는 순간이었다. 이후로는 일사천리였다.

식사 시간은 대략 1시간 정도 부여되는데 실제 밥을 먹는 데는 20분이 안 걸렸다. 그렇다면 여기서 40분의 자투리 시간이 주어지는 셈이었다. 물론 계급이 낮을 때는 여러 가지로 군 생활에 익숙하지 못해서 지금은 짧은 시간에 해내는 일도 시간을 많이 잡아먹기 일쑤였다. 게다가 해야 할 일들도 많아서 온전한 내 시간을 갖기가 힘들었다.

하지만 계급이 높아지고 군 생활에 익숙해질수록 조금씩 그 시간이 늘어났다. 점심 자투리 시간에는 주로 고도의 집중력이나 준비 시간을 특별히 요하지 않는 독서나 운동 등, 중도에 언제든 마칠 수 있는 것들에 시간을 투자했다.

일과를 마친 뒤 저녁 식사까지 끝내고 나면 근무지 신고 또는 당직사관(부대에 따라서는 사령) 혹은 당직병(부대에 따라서는 하사)에 의한 인원 점검 및 당직사관 복무 중점 사항 전달이 있은 뒤 자유 시간이 주어진다. 이 시간은 빨래, 전투화 손질, 목욕 등 개인 정비를 위해 주어진 시간이다. 대부분의 장병들은 개인 정비를 끝내고 TV를 보거나 동료들과 밀린 수다를 떨고 기타를 치고 노래를 부르는 등 자유롭게 보낸다. 나는 조금은 시끄러운 이 저녁 자투리 시간을 주로 운동에 할애했다.

점호를 마치고 취침에 드는 시간인 저녁 10시. 예전에는 특별한 경우를 제외하고는 10시 이후에 깨어 있으면 당직 근무자가 제재를 했다고 하는데, 요즘은 공식적으로 신고를 하면 자정까지 연등이 가능하다. 물론 생활관에는 취침을 하는 동료들이 있기 때문에 연등을 하고 싶은 사람은 독서실 등 부대 내 특정 지역에 모이게 된다.

비록 고된 하루를 보낸 몸이기는 하지만 이 시간은 하루 중 누구의 방해도 받지 않고 조용히 집중하기에는 가장 좋은 시간이다. 조용한 공간에서 오로지 나 자신에게 집중하며 급하게 호출이나 집합이 떨어질지 모른다는 긴장감을 그나마 내려놓을 수 있기 때문이다. 이때는 고도의 집중력이 필요한 공부를 하거나 고전을 읽는 데 할애했다.

군 생활 내내 매일 2시간을 투자하면 총 1,200시간이라는 엄청난 시간이 생긴다. 이는 웬만한 대학생이 졸업 때까지 전공 수업을 듣는 시간의 2배에 이르는 어마어마한 시간이다. 산술적으로 계산해보면 이 시간만 잘 활용해도 웬만한 대학 전공 2개를 마스터하거나 자격, 면허증 서너 개는 충분히 취득할 수 있다. 나 역시 이 시간을 통해 많은 책을 독파하고 자격증도 취득할 수 있었다.

　이렇게 하루를 마치고 생활관으로 돌아올 때 피곤하지 않다면 거짓말일 것이다. 하지만 그보다는 오늘 하루도 누군가에 의해 수동적으로 산 것이 아니라 내 스스로의 의지와 계획에 따라 살았다는 뿌듯함이 더 컸다. 그리고 그러한 뿌듯함 속에 잠들어 맞이하는 이튿날 새벽 기상은 다른 어떤 곳에서도 맛보지 못한 만족감을 안겨주었다.

44

잃어버린 시간을
재발견하는
즐거움

입대 전의 삶을 돌이켜보면 나의 의지와는 상관없이 내 시간을 빼앗아가는 것들에 지나치게 관대했던 것은 아닌가 하는 생각이 든다. 내 의지와 달리 가장 많은 시간을 빼앗아간 존재는 스마트폰이다. 도구에 불과한 기계인 스마트폰이 주변에 없으면 불안할 정도로 스마트폰에 지나치게 의지하고 휘둘리며 살아왔다는 생각이 든다. 책을 읽다가도 문득 문자 메시지라도 온 건 아닌가 하여 스마트폰을 만지작거리기가 일쑤였고, 밥을 먹을 때도 시선은 온통 손에 들린 스마트폰 화면에 빼앗겨 있었다. 잠자리에 들어서 잠이 들기 전까지 스마트폰 화면을 들여다보면 시간이 훌쩍 흘러 수면 시간이 야금야금 줄어들었다.

PC 역시 마찬가지다. PC가 준 혁신과 도움은 따로 설명하지 않아도 충분히 알 수 있지만, 이걸 제대로 활용하지 못한다면 인터넷 중독 같은 문제가 생긴다.

그런데 군 입대를 하면서 자연스럽게 이러한 환경이 차단되다보니 내가 주도적으로 만들어갈 수 있는 시간이 눈에 들어오기 시작했다. 기상 후 점호를 마치고 스트레칭을 하면서 맑은 공기를 가슴 속 깊이 들이마실 시간. 식사 후 시간을 내어 마음을 보듬어주는 시 몇 편을 읽으며 감동에 휩싸이는 시간. 지는 해를 보며 체력단련실로 가서 동료들과 기합으로 서로 기운을 북돋아주며 내 몸에 힘을 불어넣는 시간. 그리고 어둠이 내려앉은 심야에 오직 내 머리와 종이에 인쇄된 활자

와의 치열한 한판 승부를 만끽하는 시간. 그 시간들은 온전히 나만의 시간으로 탄생한 것이다.

　우리는 시간이 없었던 것이 아니다. 주위 환경에 휩쓸려 살아가다보니 발견하지 못하고 있었을 뿐이다. 그리고 군 복무라는 기회가 그 시간들을 재발견하도록 도와주었다. 난 새롭게 발견한 그 시간들을 제대로 만끽했다.

Have friends. 'Tis a second
existence.

친구를 갖는다는 것은
또 하나의 인생을 갖는 것이다.

— 스페인 출신의 종교인이자 작가 발타사르 그라시안

45

학연, 지연만큼
소중한
군연

남녀노소 힐 깃 없이 내화를 나눌 때 서로의 공통점을 찾는 것이 사람의 본능이다. 사람이라면 누구나 소속감을 느끼고 싶게 마련인데 그래서 고려대 교우회와 같은 '학연'이나, 호남 향우회 같은 '지연'은 상당히 큰 영향력을 발휘한다. 그렇다면 해병대 전우회는 무엇이라고 하면 될까? 군대에서 맺은 인연이니 '군연'이라고 해야 할까? 만일 군연이라는 것이 있다면 해병대에만 있는 것일까? 다른 군, 다른 부대 출신들은 군연이라는 것이 없을까?

결론부터 말하자면 실제로 군연이라는 것은 있다. 그것도 아주 강력하다. 나 같은 의경에서든 육해공군에서든 크건 작건 인간관계를 맺게 된다. 그런 것들 모두가 군연이다.

다만 해병대는 그러한 인연을 이어나가고 외부에 드러낼 수 있는 독특한 리츄얼ritual(특유의 군가, 팔각모·빨간 명찰·세무 전투화 같은 독특한 복장)이 많기 때문에 가장 두드러진 것뿐이다. 나 역시 군에 들어와서 군연의 존재와 그 소중함을 깨달았다.

군대는 아침 6시에 눈을 뜨면 밤 10시까지 무려 16시간 동안 동료들과 함께 씻고, 먹고, 일하고, 놀아야 한다. 눈을 감으면 인식하지 못한다 뿐이지 같은 공간에서 숙박도 함께 하니 실제로는 24시간 종일 붙어 있는 셈이다. 안 친해지려야 안 친해질 수가 없고 군연이라는 것이 안 생기려야 안 생길 수가 없다. 반면 오랜 시간을 함께하다보니 자칫하면 다투거나 사이가 완전히 틀어져버릴 소지도 다분하다.

따라서 군대에서 맺은 인연의 소중함을 깨닫고 이를 소중하게 가꾸기 위해서는 서로서로 노력해야 한다. 선임은 군에 먼저 입대했다는 이유로 윗사람 노릇을 하지만, 사회에 나가서는 형님 혹은 동생이나 친구가 될 수 있다는 열린 마음으로 후임들을 대해야 한다. 후임은 후임대로 나이, 경력, 집안 등을 염두에 두지 말고 군대 내에서 쌓은 경험과 경력으로 존중받는다는 생각으로 선임을 우대하고 하나라도 더 배우려는 자세로 대한다면 큰 트러블이 생길 일은 없을 것이다.

물론 예외적인 상황은 언제나 있기 마련이다. 나역시 사소한 오해로 말미암아 선임이나 동기와 불편한 관계에 놓였던 적이 있다. 그러나 군에서 맺게 되는 인연이 소중함을 염두에 두고 내가 먼저 적극적으로 관계 개선을 시도했을 때 큰 어려움 없이 관계를 회복한 경험이 있다.

군연이라고는 하지만 어디나 마찬가지로 인간관계라는 것에 특별한 기술이 필요한 것은 아니다. 군 생활 기간 동안 즐겁고 재미있게 보낼 수 있도록 서로 배려하고 도와주고, 전역을 하고 나서는 군대에서의 옛 추억을 이야기하며 웃음 지을 수 있는 관계를 맺어가는 것이 군연이다. 사람에 대한 호기심과 애정으로 내 주위의 사람을 살펴라. 군연이 행복한 군 생활을 좌우한다.

46

간부를
적으로
만들지 마라

군대에서 특별하게 더 신경을 써야 할 인간관계가 있다. 바로 간부나 고참과의 관계이다. 『구본형의 THE BOSS 더 보스』라는 책에는 이런 내용이 나온다.

회사는 고를 수 있지만 상사는 고를 수가 없다.

군에 입대하고 보니 이 말이 온몸으로 와 닿았다. 앞서 이야기했듯이 이제는 군, 부대, 보직을 골라서 갈 수 있는 시대이다. 본인이 조금만 더 신경을 써서 알아보면 최대한 본인의 마음에 드는 곳으로 갈 가능성이 높다. 하지만 어떤 고참, 어떤 간부를 만날 것인지는 절대로 고를 수가 없다.

정말 마음에 드는 군, 부대, 보직을 발견해서 온갖 준비와 노력 끝에 그곳으로 배치를 받았는데, 가서 보니 악독하거나 무능력한 고참이 있다면 어떻게 할 것인가? 설혹 운 좋게 그런 사람이 없는 곳으로 배치받았다고 해도 간부들의 인사이동 시즌이 되어 잘 맞았던 간부가 다른 곳으로 가고, 잘 안 맞는 간부가 올 수도 있다. 그렇다면 어떻게 해야 할까?

바로 '어떻게 해야 할지'를 배울 수 있는 곳이 군대나.

언젠가 회사를 다니는 선배들의 술자리에 합석을 했던 적이 있다. 술을 드시던 한 선배가 다른 선배에게 이렇게 말하는 것이었다.

"팀장이 너를 살려줄 수는 없지만, 네가 죽어갈

때 잡은 손을 놓아버릴 수는 있다."

그 이야기가 얼마나 인상적이었는지 지금도 그 이야기를 들었을 때의 기억이 생생하다. 그런데 군에 들어와보니 그 얘기가 군대에서도 딱 맞는 말이었다.

그래서 나는 동기나 후임에게 기회가 있을 때마다 이렇게 얘기한다.

"절대 간부나 고참을 적으로 만들지 마라."

그러고는 이런 설명을 덧붙인다.

"네 간부나 고참이 너를 잘되게는 못 해줘도 결정적인 순간에 주저앉힐 수는 있다."

작업 또는 훈련의 강도를 무리하게 주거나, 휴가나 외박·외출 시 불이익을 준다거나, 마음만 먹으면 간부는 부하들에게 사소하면서도 생활에 상당한 피해를 끼치는 불이익을 얼마든지 줄 수 있다.

군은 계급사회이다. 그들은 당신에게 그렇게 할 권한이 있다. 하급자는 상급자를 존중하며 그의 명령과 지시에 복종하고, 상급자는 하급자에 대해 보호와 관리 감독에서 무한한 책임을 지려해야 한다. 그럴 때 그 조직은 제대로 굴러갈 수 있다. 그래서 군대는 어찌 보면 우리 사회에서 가장 보수적인 집단일 수밖에 없다.

간혹 세게 보이고 싶어서인지 혈기 때문인지 고참이나 간부에게 버릇없이 굴거나 아슬아슬하게 대드는 이들이 있다. 자기는 그것이 대단한 영웅적인 행동이라고 생각하며 뿌듯해할지 모르지만, 정말 어리석고 바보 같은 행동이다.

고참이나 간부에게 존경을 표하고 그들의 명령을 따르는 것은 그들이 진짜로 능력이 있는지, 리더다운지, 배울 점이 많은지와는 큰 상관이 없다. 그들에게 존경스러운 면이 많다면 따르기가 수월하겠지만 설혹 그렇지 않다고 해도 현재 내가 몸담고 있는 조직에 대한 충성과 존중의 표시로써 명령에 따르는 것이다.

만일 너무나 맞지 않는 간부나 고참을 만났다면? 당신이 맞춰라. 규정과 방침에 따라 예의를 표하고, 명령이나 시시를 철저하게 이행하라. 이는 비굴한 것이 아니다. 오히려 내가 속한 군대라는 집단에 대한 지극한 예의이며, 그를 해내고 난 뒤에 몰라보게 성장한 자신을 보게 될 것이다. 그게 진정한 승리다.

47

회사 생활을
미리
맛보다

나는 입대를 하기 전에 군대를 히니의 기업이라고 생
각했다. 지금이야 민간 기업이 기술이나 조직 관리 면
에서 군 사회를 앞서가는 면이 없지 않지만, 불과 얼마
전까지만 해도 군대가 기업을 모든 면에서 압도하고
있었다.

지금은 너무나 흔하게 사용하는 '아이큐 검사'가 군대에서 신병을 뽑는 도구가 필요해서 만들어졌다는 것을 아는가? 1905년 프랑스의 심리학자 알프레드 비네Alfred Binet가 세계 최초로 개발한 것으로 알려져 있다. 그런데 아이큐 검사가 지금처럼 상용화된 계기는 1951년 미 육군에서 신병 모집 시 기본적인 학습 능력을 검증하려는 목적에 활용하면서부터이다.

기업 인사팀 등에서 인원 관리를 할 때 흔하게 쓰는 티오TO, Table of Organization라는 단어 역시 군대에서 전투나 경계 임무를 부여할 때 사용하던 배치표에서 유래되었다는 것이 정설이다.

그뿐만이 아니다. 우리가 자동차를 운전하며 음악을 들을 수 있게 만들어준 카 오디오의 시초 역시 군부대에서 차량용 무전기를 개발하던 사람이 그 주파수를 활용하여 라디오를 들을 수 있도록 만든 모토로라Motorola(우리가 아는 모바일 기기 회사 모토로라가 맞다)라는 제품을 개발하면서부터였다고 한다.

이처럼 군대는 늘 기업을 압도적으로 능가해왔던 조직이다. 현재도 특정한 분야에서는 기업을 앞서 나가고 있으며 아직도 배울 것이 많은 조직이다. 군대의 특성상 상명하복의 딱딱한 문화 때문에 군을 시대에 뒤떨어지는 조직이라고 오해하기 쉽다. 물론 창의성, 유연성은 부족할지 모르지만 조직력, 체계적이고 효율적인 관리 능력에서는 우리 기업들이 여전히 배워가야 할 부분들이 무궁무진하다.

그래서 나는 군대를 하나의 기업이라고 여기기로 했다. 언젠가는 사회생활을 하게 될 테고 그렇다면 기업이 어떻게 굴러가는지 기업 문화, 조직 구성, 일하는 방식 등을 배우고 익혀야 할 텐데, 군대가 이를 먼저 경험해볼 수 있는 절호의 기회라고 생각했다. 그러자 군 생활을 대하는, 그리고 부대 내에서 만나는 선임이나 간부를 대하는 태도가 변하게 되었다.

상급자가 관심 있어 하는 사안이 무엇인지 사전에 파악하여 거기에 미리 대비하고 있다가 명령이니 지시를 받으면 최대한 신속하게 최적의 해답을 찾아서 문제를 해결하려 노력했다. 그러한 가운데 사소한 실수도 해보고, 내 딴에는 제대로 한다고 했던 것이 엉뚱한 결과를 가져오는 일도 있었지만 그런 시행착오를 거쳐

보면서 직장 생활에서 필요한 소중한 팁을 얻을 수 있었다.

언젠가부터 팔로어십followership이라는 단어가 유행하고 있다. 이 말은 리더가 아닌 팔로어로서 자신에게 부여된 역할을 통해 리더를 더욱 리더답게 만들고, 조직 전반에도 긍정적인 영향력을 미치는 행위 또는 마음가짐을 말하는 단어이다. 군대나 기업 모두 리더의 한마디에 모든 것이 굴러가는 조직 같지만 그 내부를 들여다보면 꼭 그렇지 않다.

팔로어인 부하가 어떻게 구체적으로 일을 처리하느냐에 따라 리더가 팔로어나 조직을 대하는 모습이 달라지고 그에 따라 조직 전체의 분위기가 달라지기도 한다. 현재와 같이 조직이 점차 수평화를 향해 가는 사회에서는 팔로어의 역할이 더욱더 중요해지고 있다.

그러한 팔로어십을 배울 수 있는 소중한 기회 역시 군대에서 얻을 수 있었다. 간부나 선임을 대하는 데서 내가 어떻게 대응하느냐에 따라 리더가 리더십을 발휘하여 긍정적인 결과를 낳기도 했고 반대로 파괴적인 결과로 이어지기도 했다. 이를 통해 훗날 막내로 사회생활을 시작하게 되면 그때 내가 어떤 모습, 어떤 태도로 어떠한 영향력을 발휘해야 하는지를 미리 경험할 수 있었다.

리더십에 대한 경험도 할 수 있었다. 입대를 한 지 시간이 조금 지나면 슬슬 후임이 들어오기 시작한다. 사회에서라면 그냥 후배 또는 동생으로 알고 지내면 되겠지만, 군에서의 후임은 처음 얼마 동안은 생활의 일거수일투족을 챙기고 보살펴줘야 하는 존재다. 작업이나 훈련을 하는 동안에는 파트너를 이뤄 업무를 수행해야 하는 동료이고 이후 자유 시간이나 평상시 생활을 할 때는 후배가 되는 존재이기에 그 관계 유지에 더욱 각별한 노력이 필요하다. 이때 필요한 것이 리더십이다.

어쩌면 영어 점수, 학점보다 훨씬 중요할 수 있을 리더십과 팔로어십의 힘을 나는 군대에서 절실히 깨달았다. 지금도 이를 스스로 배양하기 위해 노력하며 배워가는 중이다.

Trust no Future,
howe'er pleasant! Let the dead Past
bury its dead!
Act, act in the living Present!

그 아무리 즐거워도 미래를 믿지 마라!
죽은 것은 죽은 과거로 묻게 하라!
활동하라, 살아 있는 현재 속에서 활동하리!

— 미국 출신의 시인 헨리 워즈워스 롱펠로

48

인생의
터닝포인트가
될 수 있다

한 중년 사내가 있었다. 오스트리아에서 태어나 외과대
학을 졸업하고 정신의학자 겸 신경정신과 의사로 명성
을 쌓아가던 사람이었다. 불과 열아홉 살의 나이에 저
명한 의학 저널인 「국제정신분석학회지」에 자신을 대
표 저자로 한 논문을 발표해서 학계의 각광을 받을 정

도로 천재적인 사람이었다. 그런 그의 운명이 뒤바뀐 것은 서른일곱 살에 나치의 비밀경찰에 체포돼 수용소에 갇히면서부터였다.

그의 죄목은… 없었다. 단지 그의 부모가 유대인이라는 게 이유의 전부였다. 인종청소를 자행하던 나치 독일에게 유대인은 태어난 것 자체가 죄였다. 그렇게 영문도 모른 채 끌려가 유대인을 상징하는 육각별(일명 '다윗의 별')이 새겨진 죄수복을 입고 강제수용소에서 생활하게 되었다.

수용소 생활은 하루하루가 지옥이었다. 그는 두 군데의 수용소를 거쳤는데, 다하우Dachau 수용소, 아우슈비츠Auschwitz 수용소 모두 당시 나치 독일이 운영하는 수용소 중에서도 열악하기로 악명이 높던 곳들이었다. 더러운 환경에 부족한 영양 섭취, 12시간 이상의 강제 노동, 전무하다시피 한 의료 지원 등으로 수용소 내에는 악취와 오물, 전염병이 창궐했고, 하루에도 수십 명씩 목숨을 잃고 시체가 되어 수용소 밖으로 실려 나갔다. 그의 가족들 역시 수용소에서 장티푸스 등 온갖 전염병으로 목숨을 잃었다.

그에게는 더 이상 희망이 없는 것처럼 보였다. 눈만 뜨면 죽음의 공포가 턱밑까지 몰려와 있었다. 그러던 어느 날 그의 생각이 달라지는 계기가 생겼다. 어떻게 해서든 살아남아 수용소 밖으로 나가서 이 실상을 알리고 보편적 인류애를 다시금 이 세상에 널리 알리는 데 목숨을 받쳐야겠다는 목표가 생긴 것이다.

하루는 그 앞에 날카롭게 깨진 병 조각 하나가 보였다. 예전이었다면 "이걸로 그냥 자살이나 해버릴까?"라는 부정적인 생각을 했겠지만, 이제는 달랐다. 그는 그 병 조각을 주어다가 깨끗하게 씻었다. 그러고는 날마다 그 병 조각으로 정성스레 면도를 했다.

수용소 내에서 유일하게 면도를 하는 그를 보며 함께 수감된 유대인들은 "어차피 언제 죽을지도 모르는데 허튼짓하느라 힘 빼고 있다"라며 비아냥거렸지만, 그의 생각은 달랐다. 면도를 마치고 말끔한 얼굴이 된 그는, 노역을 할 때 빼고는 아무 일도 안 하고 빈둥거렸던 예전과 달리 수용소 내에서 할 수 있는 일을 찾기 시작했다.

열악한 환경 탓에 할 수 있는 것은 많지 않았다.

그래서 그는 자신의 전공을 살려 수용소에 갇힌 사람들의 행동과 심리 상태를 관찰, 연구하기 시작했다. 극한의 상황에 처한 수천 명의 인간 군상들은 그가 해오던 정신분석 연구의 수준을 한 단계 높여주는 계기가 되었다. 이전까지는 그저 책으로 배운 학문적 이론을 바탕으로 연구를 전개해왔다면, 이제야말로 인간의 존엄성에 기반을 둔 한층 더 본질적인 성찰을 통해 제대로 된 연구를 할 기회가 생긴 것이다.

그렇게 해야 할 일이 생긴 그에게는 이전에 볼 수 없던 활력이 생겼다. 살아야 할 의미가 생긴 그에게 수용소의 환경은 더 이상 자신의 삶의 목적을 가로막는 넘어서지 못할 장벽이 아니었다. 잠시 뒤면 지나갈 인생의 한 과정이며, 이 시간을 잘 보내고 나면 인생의 약으로 남을 대상으로 다가왔다.

그렇게 3년이 지나 나치 독일이 패망한 뒤 그는 고향으로 '살아' 돌아왔다.

그러고는 "우리의 삶을 결정하는 것은 바로 그 삶을 대하는 우리의 태도"라고 정의를 내리고, 불안, 강박, 무력함 등을 겪고 있는 사람들에게 삶의 의미를 제시하는 심리치료 기법인 '로고테라피Logotherapie'를 창시했다. 수용소에서의 생존 경험을 책으로 썼고, 이 책은 20세기 가장 위대한 도서 중 한 권으로 꼽히며 세계적인 베스트셀러가 되었다.

그의 이름은 빅터 플랭클이다. 『죽음의 수용소에서』를 쓴 저자이자 세계적인 정신분석 학자로 '의미요법'이라는 새로운 치료법으로 수많은 환자들에게 희망을 주고 있다.

이제
다시
시작이다

프랑스 계몽주의 철학자 장 자크 루소Jean-Jacques Rousseau가 교육론에 대해 쓴 『에밀』이라는 책에는 이런 구절이 나온다.

Living is not breathing but doing.

산다는 것은 호흡하는 것이 아니라 행동하는 것이다.

언젠가 책에서 이 구절을 읽을 때 '어디선가 많이 들어본 말인데…' 하는 생각이 들었는데, 이제야 이 말을 어디서 들어봤는지 기억이 난다. 어릴 적 할머니께서는 늘 손주들이 올바른 인간으로 살아가기를 바라시며 이렇게 말씀하곤 하셨다.

"서우야, 사람이라고 다 같은 사람이 아니란다. 어찌 보면 짐승만도 못한 것들도 있고, 또 참 괜찮다 싶은 사람도 있지. 어떻게 사느냐에 따라 사람은 위인이 되기도, 짐승이 되기도 한단다."

태어나기는 모두 같은 인간으로 태어난다. 그러나 그 이후 마주치는 삶의 순간마다 어떠한 태도를 갖는가에 따라 위대한 존재기 될 수도 있고 눈살을 찌푸리게 하는 존재가 될 수도 있다는 것이다. 물론 인간 본연의 존엄성에 대해서는 의문을 가져서는 안 된다. 인간이라는 존재는 태어나면서부터 인권을 가지고 있다. 그 존엄성 자체에 대해서는 절대 누구도 의문을 제기해서도 훼손해서도 안 된다.

다만 삶의 내용의 문제로 넘어가면 이야기가 달라진다. 자신에게 주어진 삶의 기회를 어떻게 받아들여 어떠한 태도로 살아가나에 따라 이후에 얻어지는 결과는 천차만별로 달라진다. 그렇기 때문에 우리는 루소의 말처럼 호흡하는 것이 아니라 행동하며 살아야 한다.

어찌 보면 인생에서 20대는 가장 바쁘면서도 수많은 일들을 해낼 수 있을 정도로 열정과 힘이 넘치는 시기다. 그런 찬란하고 소중한 시기에 대한민국의 젊은 이들은 2년에 가까운 시간을 군대라는 제한된 곳에서 살아가야 한다. 사랑하는 가족과 친구들을 볼 수도 없고, 일이나 학업으로부터도 단절된 채 군대 일과표대로만 살아가야 한다.

그런데 단순히 내가 자유를 잃어버렸다는 데만 불만을 가진다면 소극적인 태두리 안에서 벗어날 수 없다. 그저 먹고, 자고, '호흡하는' 걸로만 살아간다면 군 생활 2년은 '죽어 있는' 시간일 것이다. 반면 그 시간 동안 자신이 할 수 있는 일, 해야 하는 일을 찾아 적극적이고 긍정적인 태도로 하나씩 행동으로 옮겨간다면, 그런 사람에게 군 생활 2년은 과거의 부족한 나의 모습을 보완하고 극복하여 한 단계 더 나은 인간으로 성장하는 탈피의 계절이 되어줄 것이다.

나는 이제 이 글을 마치려 한다. 군대를 가야 될 예비 입대자들이든 현역 군인들이든 이 책을 읽은 사람들은 뭔가 도움이 필요해서, 꿈이 있어서 이 책을 집어 들었을 거라 생각한다.

전역한 선배들에게 군 생활 중 가장 후회하는 것이 무엇이냐고 물었을 때 입대 전에는 뚜렷한 목표를 세우지 않고 방관적인 태도로 하루하루를 보내다가 전역을 며칠 앞두고 곧 사회에 나갈 생각에 불안하고 초조해했던 것이라고 앞다퉈 말했다. 부디 이 책을 여기까지 읽은 사람들이라면 전역할 때 이런 후회는 하지 않게 될 거라 믿는다. 그리고 이 책을 통해 변화의 작은 계기를 얻었으면 한다.

나에게는 아직 세상을 뒤바꿀 만한 힘과 환경이 없다. 하지만 인내하고 기다리는 자에게는 언젠가 기회가 찾아올 거라 믿는다. 군대는 그 기회를 잡기 위해 나의 안목을 키워가는 좋은 시간이다. 그러므로 이 책은 내가 변화를 준비하는 아주 작은 호흡이다. 뉴욕에 수많은 대학들과 빌딩 사이로 정신없이 살아가며 늘 '뒤를 돌아보지 말고 앞으로 달려가자'라고 다짐해온 나에게 입대는 다른 환경에서의 나를 돌아보는 기회가 되었다.

나의 이야기는 이제부터 시작이다!

군대 가기 전엔 미처 몰랐던 49가지

펴낸날   초판 1쇄   2016년 12월 27일

지은이   양서우
펴낸이   심만수
펴낸곳   (주)살림출판사
출판등록   1989년 11월 1일 제9-210호

주소   경기도 파주시 광인사길 30
전화   031-955-1350   팩스   031-624-1356
홈페이지   http://www.sallimbooks.com
이메일   book@sallimbooks.com

ISBN   978-89-522-3563-3   03190

※ 값은 뒤표지에 있습니다.
※ 잘못 만들어진 책은 구입하신 서점에서 바꾸어 드립니다.

이 도서의 국립중앙도서관 출판예정도서목록(CIP)은 서지정보유통지원시스템 홈페이지
(http://seoji.nl.go.kr)와 국가자료종합목록시스템(http://www.nl.go.kr/kolisnet)에서
이용하실 수 있습니다.(CIP제어번호: CIP2016030025)

책임편집 · 교정교열 배정아